DI Johann Haslmayr

WELCHE RELIGION IST DIE WAHRE ...

... oder sind alle Religionen der größte Irrtum der Menschheitsgeschichte?

© 2015 DI Johann Haslmayr

Herstellung und Verlag:
BoD – Books on Demand, Norderstedt
ISBN 978-3-7392-1638-6

Printed in Germany

Bibliografische Information der Deutschen Nationalbibliothek:
Die Deutsche Nationalbibliothek verzeichnet diese Publikation in der
Deutschen Nationalbibliografie; detaillierte bibliografische Daten sind
im Internet über http://dnb.dnb.de abrufbar.

Inhaltsverzeichnis

Einleitung

Die Aufklärung im 18. Jhdt. hat Schluss gemacht mit der brutalen Verfolgung von Menschen durch den Katholizismus. Der Mensch ist aber hoffnungslos religiös, und so wurde in der Aufklärung eine neue Gottheit kreiert, die Göttin der Vernunft, und mit der Zeit eine neue Religion aus der Taufe gehoben, eine Religion der Materialisten und Atheisten, der Evolutionsglaube. Diese Religion hat über Napoleon, Hitlers Rassenwahn, Stalin, den Kommunisten und Materialisten in kürzester Zeit größeres Leid über die Menschheit gebracht als die röm.-katholische Kirche in vielen Jahrhunderten.

Wir brauchen so dringend eine zweite Aufklärung, damit die Menschheit ihr göttliches Potenzial entdeckt, die Unwissenheit über die geistige Welt beseitigt wird und die Wahrheit offenbar wird.
Die großen Irrtümer unserer so genannten aufgeklärten Gesellschaft sind die Verwechslungen von:
- Geist - Intellekt
- Seele - Geist
- Religion - Christentum
- Liebe - Sex
- Leben - Tod

Sie müssen endlich abgebaut werden. Das sind alles immaterielle Begriffe, die Materialisten im wörtlichen Sinne nicht begreifen können.

Die meisten Menschen setzen die katholische Kirche mit dem Christentum gleich und sehen dieses im Bund mit der weltlichen Macht, nach historischem Muster: Kreuzzüge, Inquisition, Diskriminierung der Juden, Bündnis von Herrschenden und Kirche. Das Christentum wird immer noch mit der Religion des Imperialismus, als Glaube, den die Kolonisatoren über die Welt verbreiten wollten, verwechselt. In den westlichen Gesellschaften selbst hat man nicht vergessen, dass Aufklärung und Geistesfreiheit gegen den teils erbitterten Widerstand der katholischen Kirche erstritten werden mussten.

Die "Neuen Atheisten" arbeiten mit einem Trick, indem sie nicht zwischen Religionen und Christentum unterscheiden und auf die alten Muster der katholischen Kirche hinweisen. Sie nehmen die Verfolgungen als Indiz für die Gewalttätigkeit der Religionen, stecken Christen zusammen mit ihren Verfolgern in dieselbe Schublade und machen so aus Opfern Täter.

In unserer verkehrten Welt wird das Gute verteufelt und Teuflisches verherrlicht. Der Islam wird als Friedensreligion dargestellt, ohne auf die Glaubensgrundlagen des Islam einzugehen. Die grausame Geschichte des Islam wird totgeschwiegen.

Nach neuesten Schätzungen werden derzeit 100 Millionen Christen auf der Welt gewalttätig verfolgt und weitere 100 Millionen sind bedrängt. Tausende Christen werden jedes Jahr vorwiegend in islamischen Ländern nur wegen ihres Glaubens ermordet oder zu Tode gebracht.

Von 100 000 wegen ihres Glaubens ermordeten Christen pro Jahr spricht Soziologe Massimo Introvigne, Antidiskriminierungsbeauftragter der Organisation für Sicherheit und Zusammenarbeit in Europa (OSZE). Die amerikanischen Soziologen Brian Grim und Roger Finke geben sogar noch eine größere Zahl an. So unglaublich diese Zahlen klingen, sie werden von der IDEA-Dokumentation bestätigt.

Das ist kein Thema in unseren Medien. Die Zahlen werden höchstens angezweifelt, und die zivilen Opfer der Palästinenser, wenn Israel wegen des ständigen terroristischen Raketenbeschusses zurückschlägt, werden auf die gleiche Stufe gestellt. Unsere Medien zeigen eine fast feindselige Gleichgültigkeit gegenüber den verfolgten Christen.

Antichristliche Propaganda muss man in den muslimisch geprägten Ländern nicht mehr hinter vorgehaltener Hand äußern, sie ist salonfähig und gehört vielerorts zum guten Ton. Auch wenn die aktiven Islamisten eine Minderheit sind, ist die passive Akzeptanz der Gewalt sehr hoch.

Muslime haben es in der westlichen Demokratie bereits geschafft, über „political correctness" die Meinungsfreiheit abzuschaffen. Jede berechtigte Kritik am Islam ist als „Islamophobie" verboten. Jeder, der Glaubensinhalte des Islam infrage stellt, wird einer Phobie = Geisteskrankheit bezichtigt. Selbstzensur und Zensur in den Medien ist aus Angst vor islamischem Terror alltäglich.

Die modernen Katholiken sehen sich einer friedensstiftenden Zusammenarbeit mit Moscheegemeinden verpflichtet und wollen das Thema der verfolgten Christen absolut nicht anfassen. Wobei Ex-Muslime, die den Islam gut kennen, eindringlich warnen, dass dieses Anbiedern unter Missachtung der eigenen Glaubensgrundsätze für Muslime bereits eine Unterwerfung unter den Islam bedeutet.

Während in den arabischen Hinterhöfen die Christen verfolgt, vertrieben und ermordet werden, diskutiert die hiesige Intelligenz über die Homo-Ehe und das Frauenpriestertum als dringendste Reformprojekte.

Wer keine persönliche Erfahrung mit der bedingungslosen Liebe Gottes gemacht hat, kann nicht verstehen, wie man sich lieber töten lassen kann, als Christus zu verleugnen. In unserer pluralistischen Gesellschaft ist man eher bereit, diese Überzeugung als religiösen Wahn hinzustellen, als den Verfolgten zu helfen.

In unserer „aufgeklärten" Gesellschaft ist das Bewusstsein für eine geistige Welt verloren gegangen. Eine Gesellschaft, die auf materialistischen Konsum und diesseitige Werte ausgerichtet ist, lässt die Menschen unerfüllt zurück. Ein Hunger nach Übernatürlichem ist geblieben. Esoterische Praktiken sprechen diese Defizite unserer modernen Gesellschaft an. Ein esoterischer und okkulter Boom, der mit seinem Hokuspokus früher vielleicht als Belustigung auf Volksfesten diente, wird heute von einer breiten Gesellschaftsschicht akzeptiert.

Jeder Mensch hat einen kleinen göttlichen Funken in seinem Herzen und ist auf irgendeine Art und Weise religiös. Jeder hat aber seinen eigenen Glauben und alle sind überzeugt, den einzig richtigen Glauben zu haben. Selbst diejenigen, die behaupten an nichts zu glauben, handeln nach dem, was sie glauben.

Jesus sagte in **Mt 16.6: Hütet euch vor dem Sauerteig der Pharisäer.** Damit meinte er die Religion der damaligen Zeit. Die Juden glaubten, die einzig wahre Religion zu besitzen. Jeder, der nicht Mitglied ihres „Clubs" war, war in ihren Augen unrein und hoffnungslos verloren. Dies ist ein ewig gültiges religiöses Muster.

Jesus Christus wollte nie eine Religion gründen oder dem jüdischen Verein beitreten. Er hat sich immer als der Messias zu erkennen gegeben, der den Auftrag hat, die ganze Menschheit zu erlösen und aus der Gefangenschaft Satans zu befreien.

In unserem sogenannten christlichen Abendland sind die Menschen zwar religiös, aber die meisten haben keine Ahnung, wer Jesus Christus ist und was das Evangelium bedeutet.

Die zehn Gebote sind der gefallenen Schöpfung als Orientierung gegeben, damit sie so halbwegs überleben kann. Sie sind ein Schutz vor der Selbstzerstörung des Menschen. Denn Zivilisationen, die dauerhaft gegen die zehn Gebote verstoßen, sind untergegangen und werden untergehen. Aber siehe **Röm 3.20: ... durch Werke des Gesetzes wird niemand vor ihm** (Gott) **gerecht werden;** ... Trotzdem glauben bei uns die meisten Menschen, wenn sie die zehn Gebote halten, haben sie es geschafft.

Gott ist nicht religiös

Religionen sind der beste Beweis für diese Behauptung. Gott leidet nicht unter Bewusstseinsspaltung und bekämpft und tötet sich selbst in den verschiedensten Religionskriegen. Die moderne Meinung, Gott existiert in jeder Religion, er wird nur überall anders genannt, ist ein großer Irrtum.

Jesus Christus wollte keine Religion gründen

Jesus Christus verstand sich als der Messias, der Menschen aus der Knechtschaft Satans befreit und ihnen wieder das göttliche Leben gibt. Das Empfangen des göttlichen geistigen Lebens ist natürlich die größte Bedrohung für die negativen geistigen Mächte in dieser Welt.

Jesus war entweder der Messias und hat seine Mission erfüllt oder er war der größte Scharlatan und Lügner. Dazwischen gibt es nichts. Aber die meisten Mensch glauben: Er war ein guter Mensch, Prophet, Sozialrevolutionär, Reformer, Religionsgründer usw., nur nicht der Messias.

Was bedeutet Religion

Opium für das Volk? Oder nur ein Machtinstrument? Ist Gott in jeder Religion und bekämpft sich selbst? Fragen über Fragen!

Die Religionswissenschaft lehrt uns, dass es keine allgemein gültige Definition für Religion gibt. Der Mensch sucht eine Erklärung der Welt, in der er lebt, und Normen, nach denen er sich richten kann. In der Tiefe seines Herzens und durch sein Gewissen weiß jeder Mensch, dass es Gott gibt.
<u>Röm 1.20</u> An den Werken der Schöpfung wird Gott mit der Vernunft wahrgenommen.

Es gibt die unterschiedlichsten Religionsformen, auch Humanismus, Kommunismus, Faschismus, Evolutionsglaube sind Religionsformen, da die Annahme eines Schöpfers oder das Praktizieren von Geboten und Ritualen nicht notwendige Voraussetzungen für eine Religion sind.

Durch das Gewissen hat jeder Mensch eine Ahnung von Gut und Böse. In seinem Herzen weiß er, dass er sein Fehlverhalten einmal verantworten muss. Und so macht sich der menschliche Erfindungsgeist daran, mit Gott in Ordnung zu kommen und sein Gewissen irgendwie zu beruhigen.
Die klassischen Religionen sind dann das Ergebnis. Sie sind die unterschiedlichsten, von Menschen ausgedachten Wege zu Gott.

Religion ist der Tauschhandel mit Gott: Wenn, dann . . .
  Wenn ich ein großes Opfer bringe, dann bekomme ich viel.
  Wenn ich ein kleines Opfer bringe, dann bekomme ich wenig.
  Wenn ich eine Wallfahrt mache, dann bekomme ich etwas.
  Wenn ich . . .   , dann bekomme ich . . .
Aber Gott ist kein Krämer, er schaut auf das Herz und nicht auf das Äußere.

Alle Religionen sind Lüge (Satan wird in der Bibel als Vater der Lüge bezeichnet) und werden durch die Wahrheit (Jesus bezeichnet sich als die Wahrheit) zum Verschwinden gebracht. Religionen stehen alle im Gegensatz zu dem einen von Gott bereiteten Weg zu ihm.
In **Joh 14.6** sagte Jesus: **Ich bin der Weg und die Wahrheit und das Leben; niemand kommt zum Vater außer durch mich.**

Die **tausendfach verschiedenen menschlichen Gottesvorstellungen** können in ein paar übergeordnete Begriffe zusammengefasst werden: Polytheismus, Monotheismus, Pantheismus, Theismus, Atheismus, New Age, Animismus, Fetischismus, Totemismus und Synkretismus.
Die Menschen lieben es, das anzubeten, was sie ins Verderben stürzt.

Indischer Pantheismus ist unter westlichen Intellektuellen sehr beliebt. Doch wenn Gott tatsächlich existiert, dann ist es unwahrscheinlich, dass er innerhalb der Schöpfung existiert. Ein Bildhauer steht auch außerhalb seiner „Schöpfung".
So können auch der Gott der Muslime und der Gott der Christen nicht identisch sein. Denn Gott ist nicht schizophren und fordert einerseits von Menschen, ihre Söhne im Jihad für die Interessen Allahs zu opfern und opfert andererseits seinen eigenen Sohn Jesus Christus für die Menschen, damit die Menschenkinder wieder das Leben in der Fülle, das geistig göttliche Leben, haben können.
Muslime wollen ihren Gott verteidigen. Welch ein schwacher Gott muss das sein, der sich nicht selber verteidigen kann! In Wahrheit verteidigen sie nur ihr verrücktes Gottesbild. Wenn ihre Fantasiebilder von außen zerstört werden, können diese Menschen, getrieben von einem starken religiösen Geist, sehr brutal werden.

Religionen verbreiten unterschiedliche Lügenmärchen über Gott und machen damit Gott lächerlich. Überall, wo das Gesetz und Gebote regieren, ist Gott nicht drinnen; denn Gott ist bedingungslose Liebe.

Luther hat dem Volk in den christlichen Ländern die Angst vor Gott genommen und wurde dadurch ein großer Feind der Religion.

Religion macht Gott zum Ebenbild des Menschen. Der Mensch will nicht mehr Gottes Ebenbild sein. Religion und Theologie ist der untaugliche Versuch des Menschen, auf der seelischen Ebene (Intellekt, Gefühl und Wille) mit Gott in Kontakt zu treten. Aber Gott ist Geist und wir können nur im Geist und in der Wahrheit mit Gott kommunizieren, und nicht im Verstand (**Joh 4.24**). Der Mensch kann über die Seele (Verstand, Wille und Gefühl) keine Verbindung mit Gott aufnehmen.

Religion ist so gefährlich, weil sie gute Gefühle gibt, etwas für Gott getan zu haben, **aber an der eigentlichen Natur des Menschen, an seinem Geist, überhaupt nichts verändert.** Wir sollten uns nie auf Gefühle verlassen; sie sind trügerisch. Jeder hat sicher schon erlebt, dass er bei Prüfungen oder Tests, wo richtig oder falsch zu beantworten war, ein gutes Gefühl hatte, und dann stimmte es doch nicht. Die Menschen sind auf Grund der Gefühle fest überzeugt, die beste und einzig wahre Religion zu haben. Andere Meinungen werden nicht mehr ernstlich geprüft, sie würden nur verunsichern.
Durch Fanatismus gibt es keine Bereitschaft mehr zum Dialog. Die Menschen sind in ihrer Scheinwelt gefangen. Daher sagt die Bibel in **1.Thess 5.21: Prüft alles und behaltet das Gute!**
Die Schwägerin des früheren britischen Premierministers Tony Blair ist 2010 zum Islam übergetreten. Sie hat ihre Religion nach ihrer Rückkehr aus Ghom, der heiligen Stadt der Schiiten im Iran, gewechselt. Bei ihrem Aufenthalt dort hat sie "plötzlich pures Glück und Freude gespürt", es sei wie "spirituelles Morphium" gewesen.
Dass sie sich wie bei Rauschgift einen Dämon eingefangen hatte, erkannte sie nicht.

Jede Religion gründet auf einem theologischen Glaubenssystem, das in sich schlüssig ist, dogmatisch feststeht und nicht hinterfragt werden darf. Religion bringt nur Scheinheiligkeit, Heuchelei und so genanntes Pharisäertum hervor. Es gibt Glaubensgemeinschaften, an die glauben so viele, dass ihnen das alleine schon als Beweis für die Richtigkeit ihres Glaubens genügt. Auch sogenannte Christen sollten alle Stellen zu einem Thema berücksichtigen und nicht nur diejenigen, die die eigene vorgefasste Meinung bestätigen.

Die strengsten Religionen, bei denen wenig Chance besteht, mit Gott in Verbindung zu kommen, sind jene, die nur auf Gesetzlichkeit und Regeln bauen und die den Unterschied zwischen Geist und Seele nicht verstehen, wie zum Beispiel der Islam, das Judentum oder einige religiöse Sondergemeinschaften.

Alles was mit Äußerlichkeiten wie Ritual, Tradition, Gesetz, Statuten, Organisation und autoritären Führern zu tun hat, ist Religion.

Fundamentalismus muss aber differenziert betrachtet werden. Das Fundament kann nämlich gut oder schlecht sein. Islamischer Fundamentalismus will auf Basis des Korans das Haus des Islam mit Feuer und Schwert in die ganze Welt verbreiten. Katholischer Fundamentalismus heißt: die Dogmen der Päpste durchsetzen. Christlicher Fundamentalismus bedeutet: die Nachfolge Jesu Christi.

Christus sollte unser Fundament sein, denn er hat nachweislich nur Gutes getan.

Viele Menschen in der westlichen Welt erkennen bereits, dass sie die ruhende Mitte, das Zentrum, den Geist verloren haben, und strecken sich nach fernöstlichen Religionen oder der Esoterik aus, die noch Geist und Meditation anerkennen. Sie kommen damit aber vom Regen in die Traufe. Denn in die geistige Welt darf man nur mit dem mächtigsten Geist eindringen, mit Jesus Christus, der als einziger den Tod und damit Satan überwunden hat, sonst ist man immer belogen und betrogen.

Alle Erlebnisse in der Meditation und durch ein Medium gechannelte Botschaften ohne Jesus Christus sind Erfahrungen von Lügengeistern, die den Menschen in die Irre führen wollen. Luzifer, der Teufel, kann sich in vielen schönen Verkleidungen und Rollen zeigen, um den Menschen von der Wahrheit Jesu Christi fern zu halten.

Weder Buddha noch Mohammed oder sonst irgendein Guru haben den stärksten Geist in dieser Welt, den Tod, also Satan, überwunden und sind von den Toten auferstanden. Daher kann auch keiner von ihnen das ewige, geistige, göttliche Leben, das Zoe-Leben, geben und die Menschen erlösen.

Wenn eine Religion sagt, arm muss ich sein, krank und leiden, um später in der Ewigkeit belohnt zu werden, dann ist das die größte Gotteslästerung. Dieses Denken widerspricht der Natur Gottes total. Er hat alles getan, seinen Sohn Jesus Christus gesandt, damit es uns gut geht und wir das Leben in der Fülle haben.

Der Segen Gottes kann aber nur fließen, wenn wir auf Gott hören, mit ihm kommunizieren, nicht im Verstand wie die Theologie, sondern im Geist, und aufhören Gott zu unserem Diener zu machen, sondern ihn als unseren Herrn akzeptieren.

Gott ist antireligiös. Religion ist eine Erfindung Satans, um die Welt zu zerstören und die Menschen vom Wichtigsten, dem Empfangen des göttlichen Lebens, der Wiedergeburt ihres Geistes, abzuhalten und sie in sinnlose Tätigkeiten bis hin zu Brutalitäten und Krieg zu führen.

Gott und Religion haben miteinander so wenig zu tun wie Licht mit Finsternis. Es ist das Welt-System, das seit Jahrhunderten versucht hat, uns beizubringen, dass Gott und Religion zusammengehören. Keine Religion hat mit dem Gott der bedingungslosen Liebe etwas zu tun.

Die Kirchengeschichte und die Weltreligionen zeigen, dass Religionen Menschen manipulieren, ausbeuten, versklaven, verblöden und brutalisieren. Daher gewährten sogar die totalitären Kommunisten Religionsfreiheit, haben aber die Christen verfolgt und ermordet.

Religion nimmt dem Menschen die Würde und den Wert.

Religion ist Opium für das Volk und ein Machtinstrument!

Religion ist auch ohne Glauben möglich.

Was bedeutet Glauben

Glauben bedeutet etwas Anderes als Religion. Glaube ist ohne Religion möglich. Die ursprüngliche Bedeutung von Glauben ist **ein Vertrauen auf Gott, in dem es nicht den kleinsten Anflug eines Zweifels gibt.** Glauben hat absolut nichts mit „etwas für möglich halten" zu tun. Glauben kann auch als eine tiefe Überzeugung von etwas definiert werden.

Laut Bibel ist Glaube wertvoller als Gold, denn Glaube ist der Stoff, aus dem alles Sichtbare geschaffen ist. Was ich mir im Geist mit meinem Herzen vorstellen kann, wird geschehen. Glaube wird in der Liebe wirksam **(Gal 5.6)**. In **Mk 11.22** sagt Jesus: **Habt den Glauben Gottes**, und nicht, wie oft fälschlich übersetzt wird: **Ihr müsst Glauben an Gott haben.** Der Glaube Gottes ist in **1.Mose 1.3: Gott sprach: Es werde Licht. Und es wurde Licht,** zu sehen.

Der Spruch: „Glauben heißt nichts wissen" ist nur dumm. Und der Buchtitel des Physikers, Sozialisten und Evolutionisten Werner Gruber „Wer nichts weiß, muss alles glauben" ist ebenso zu bewerten, auch wenn er von einem Experimentalphysiker stammt. Die Quantenphysik weiß da schon mehr.

Göttlicher Glaube heißt: durch Intuition mehr zu wissen, ohne etwas durchdacht zu haben. Glauben vertraut Gott und bekennt es. Nicht nur was ich über Gott glaube, beeinflusst mein Leben, sondern auch was ich über mich selber glaube.

Der wahre Glaube ist eine innere Verbindung zu Gott.

Glaube braucht keine Religion!

Was bedeutet Christentum

Christentum hat ein Alleinstellungsmerkmal: „ungerechte Gnade". Gott selbst hat für die Schuld der Menschen bezahlt. Gott ist Mensch geworden und möchte jedem Menschen ein göttliches Leben schenken. **Joh 3.16 Denn Gott hat die Welt so sehr geliebt, dass er seinen einzigen Sohn hingab, damit jeder, der an ihn glaubt, nicht zugrunde geht, sondern das ewige Leben hat.** Aber ohne ernsthafte Bitte gibt es keine Hilfe. Das ist das Gesetz der absoluten Freiheit.

In allen Religionen, Philosophien und Weltanschauungen muss der Mensch selbst in irgendeiner Form für seine Verfehlungen und Schulden aufkommen. Religionen lehnen die „ungerechte", bedingungslose Gnade ab. Sie ist ein großes Ärgernis und widerspricht dem religiösen Muster. Sie wird den Christen sogar als „billige Gnade" zum Vorwurf gemacht. Nur diese Gnade ist nicht billig, sie wurde mit dem Blut Jesu bezahlt.

Christentum ist keine Religion, sondern das Empfangen des göttlichen Lebens.

Dieses Zoe–Leben dauert ewig und hat höchste Qualität. Es wird nur durch Jesus Christus jedem Menschen unabhängig von Geschlecht, Rasse, Nationalität, Kultur, Religion oder Tradition angeboten.
Jesus hat den Juden die richtige Auslegung des Alten Testaments gezeigt. Besonders in der Bergpredigt kann man sehen: Buchstabengetreues Erfüllen des Gesetzes ist zu wenig. Wir schaffen es alleine nicht, den Standard Gottes zu erfüllen. Wir brauchen den Erlöser. Wir brauchen Gnade.

Die meisten Menschen glauben zu wissen, was **Gnade** bedeutet.

Gnade ist für religiöse Seelen zu einfach. Denn sie ist außerhalb des Bereiches, ob jemand etwas falsch oder richtig macht, außerhalb des Gesetzes.

Röm 3.20 ...durch Werke des Gesetzes wird niemand vor Gott gerecht.
Röm 10.4 Christus ist das Ende des Gesetzes.

Gnade ist einfaches Vertrauen auf Gott. Wenn Gnade nicht das Gerechtigkeitsempfinden eines Menschen empört, dann ist es keine Gnade. Der natürliche Mensch kann sich ein gewisses Wohlwollen vorstellen. Wenn aber einer unverdient alle Segnungen bekommt, das beleidigt das Gerechtigkeitsempfinden der braven Menschen. Es klingt für den Verstand verrückt, dass es keinen Einfluss auf meine Beziehung mit Gott hat, ob ich etwas falsch oder richtig mache. Das kann der natürliche Mensch nicht nachvollziehen.

Satan versucht jeden Menschen zu überzeugen, dass bei ihm die Gnade nicht ausreicht. Er dreht Umstände und das Äußere so, dass es vorerst so aussieht, als ob zwischen dir und Gott etwas steht und den Segen blockiert. Aber der Teufel ist seit 2000 Jahren besiegt, er kann nur mehr lügen.

Wenn du aus Geist, von neuem geboren bist, ist Gott jeden Tag bei dir, bis ans Ende der Welt. Die Option, dass bei dir etwas schief geht, gibt es nicht mehr. Es gibt keine Verdammnis, die Sünde ist weggenommen. Es gibt keinen Grund, dass du dich vor Gott schämen müsstest. Wer sich auf die Gnade, auf seine neue Natur der Gerechtigkeit, auf Gott und nicht auf das Gesetz verlässt, bei dem hat Satan keinen Angriffspunkt mehr.

Wenn dir etwas passiert ist, was einem Kind Gottes nicht passieren sollte, das gesegnet und vom Heiligen Geist geführt ist und du von den Umständen keine Rückmeldung mehr brauchst, weil du in der Wahrheit als gesegnetes Kind Gottes fest stehst, ist der Teufel entwaffnet. Er muss aufgeben. Gegen Gnade und Gottes Gerechtigkeit hat er keine Chance.

Religiöse Menschen glauben an die Möglichkeit eines gesegneten Lebens, wenn sie alles richtig machen würden. „Aber bei mir funktioniert das nicht, weil …". Jedoch genau für diesen Fall ist die Gnade so groß, dass dieser Umstand kein Problem darstellt. Es gilt das Gnadenangebot für ein völlig unverdientes gesegnetes Leben. Ich muss nur Gott vertrauen und nicht den Umständen. Ich kann ganz unverschämt glauben, dass dort, wo ein Hindernis besteht, die Gnade groß genug ist, den Durchbruch zu schaffen.

Gnade ist unverdiente Güte. Gnade ist die Kraft Gottes, wirksam in unserem Leben.

Gnade bedeutet aber nicht, alles ohne Folgen tun zu können, nach dem eine unerneuerte Seele gelüstet. Es gilt: **Gal 6.7 ..was der Mensch sät, wird er ernten.** Es ist unsere freie Entscheidung, was wir säen. Gnade ist die Fähigkeit, das zu tun, was wir aus eigener Kraft nicht tun können. Gnade ist Gottes Fähigkeit, die in uns wirkt.

Die Gnade kann nicht ausgenutzt werden, sie muss genutzt werden.

Gnade ist die Kraft zur Veränderung

Gnade bedeutet, etwas erleben zu dürfen, wofür man überhaupt nichts getan hat. Eine Ernte einzufahren, für die jemand anderer - z. B. Gott selbst - das Samenkorn gelegt hat. Unverdiente Gnade ist ein Geschenk, für das du nichts tun kannst - sonst wäre es ja kein Geschenk mehr.

Wenn es Reinkarnation gibt, ist Gnade und das Erlösungswerk Jesu Christi die einzige Chance aus dem Rad der Wiedergeburt auszusteigen. Wobei Reinkarnation (Wiederfleischwerdung), Wiedergeburt (Neugeburt unseres Geistes) und Auferstehung (Empfang eines überirdischen Leibes) nicht verwechselt werden dürfen.

Barmherzigkeit bedeutet, etwas nicht erleben bzw. ernten zu müssen, was man eigentlich verdient hätte. Wir legen in unserem Leben so oft bewusst oder unbewusst eine Saat, die keine gute Ernte hervorbringen kann, weil es buchstäblich "Unkraut" ist. Diese Ernte nicht einfahren zu müssen, das nennt man Barmherzigkeit.

Gnade in Verbindung mit Gottes Barmherzigkeit bringt als automatische Folge Frieden. Du erntest all das Gute, was du nicht verdient hast und brauchst all das Schlechte nicht erleben, wofür du eigentlich verantwortlich wärst. Dann breitet sich in deinem Herzen ein Frieden aus, der alles Verstehen übersteigt. Es ist gewaltig, was Gott denen bereitet hat, die IHN lieben, nämlich tiefen Frieden im Herzen.
Darüber hinaus gilt: <u>1.Kor 2.9</u> **...was kein Auge gesehen und kein Ohr gehört hat, was keinem Menschen in den Sinn gekommen ist: das Große, das Gott denen bereitet hat, die ihn lieben.**

Du hast die Wahl: Wenn Du dich der Sünde hingibst, wird Sünde und Torheit dein Leben regieren, obwohl dir die Kraft gegeben ist, Sünde zu besiegen. Wenn du dich Jesus Christus, der Wahrheit hingibst, wird dir der Hl. Geist die Gnade geben, in Weisheit und Gerechtigkeit zu wandeln. Selbst wenn der ganze Tag schlecht gelaufen ist, kannst du sagen: Es reicht, jetzt ist es Zeit, dass ich gesegnet werde. Satan wird dann verrückt, wenn du nur Gott vertraust, obwohl Satan dich den ganzen Tag dazu gebracht hat, zu versagen.

Ich glaube nicht dem Umstand, den Sinneseindrücken oder Gefühlen, sondern der Gnade, dass Gott alles aus dem Weg räumt, das zwischen mir und ihm steht. Gott kann bei mir jederzeit in jeden Bereich eingreifen. Das bedeutet für mich die Verherrlichung in jedem Bereich - aus Gnade.

Gott kann sein Leben durch mich in diese Welt bringen.

Liebe, Heilung, Herrlichkeit, das Wesen Gottes ist dann in dieser Welt sichtbar.

Jesus Christus ermahnt aber jeden, der ihm nachfolgt, vorerst die Folgen abzuschätzen. Denn das göttliche Leben, das Leben in der Fülle, das uns Jesus zusagt, wird vom Feind Gottes, dem in dieser Welt herrschenden Gott, bekämpft werden. Satan ist momentan so wütend, weil er weiß, dass seine Zeit abläuft. Darum steht in der Bibel: „Seid mutig und stark, nichts wird euch schaden."

Christen können voller Hoffnung und Zuversicht in die Zukunft schauen, auch wenn sie nicht nur von radikalen Muslimen und Diktatoren verfolgt werden, sondern auch von den Ökosozialisten, Gutmenschen, Superdemokraten und Toleranzradikalen. Unter dem neuen Dogma der Nicht-Diskriminierung werden zunehmend Christen in der freien demokratischen Gesellschaft diskriminiert. Wer von einer absoluten Wahrheit spricht, verstößt gegen das Dogma der modernen Toleranz. Ihm gegenüber gibt es keine Toleranz.

Ps 23.5 Du deckst mir den Tisch vor den Augen meiner Feinde.
Ps 23.6 Lauter Güte und Huld werden mir folgen mein Leben lang und im Haus des Herrn darf ich wohnen für lange Zeit.

Auch wenn es paradox klingt, für Christen wird es immer schwieriger, an den theologischen Fakultäten Christus als ihren Herrn zu bekennen. Geistliches Leben ist in den Hörsälen und Seminarräumen unerwünscht, dort herrscht nur der Intellekt.

Jesus sagt in der Bibel: Liebt eure Feinde und betet für die, die euch verfolgen. Und jeder schätze den anderen höher als sich selbst.
Mohammed sagt im Koran: Muslime sollen ihre Brüder lieben und die Ungläubigen töten. Und die Ungläubigen werden wörtlich als Schweine und Affen, blöder als das Vieh und als die schlechtesten der Geschöpfe bezeichnet.
Wer in unserem Rechtsstaat diese Tatsache aufzeigt, wird als Hetzer beschimpft und gerichtlich verfolgt. Keiner kommt auf die Idee, die Verbreitung dieser ungeheuerlichen Aussagen Mohammeds zu verbieten.
Leider ist nicht jeder ein Christ, der einmal im Jahr in die Kirche geht.
Gott sei Dank ist nicht jeder ein Moslem, der einmal im Jahr in die Moschee geht.

Der große Unterschied

Christliche Religionen haben das Bewusstsein der Apostel und der ersten Christen mit einer kleinen Lüge total verändert und sich damit der Segnungen Gottes beraubt. Sie haben die Tatsache, dass wir seit 2000 Jahren Kinder Gottes sein können, in eine ferne Zukunft und an einen anderen Ort verlagert. Glaube aber ist immer hier und jetzt.
Sie erwarten Segnungen durch Erfüllen des Gesetzes und der Gebote, durch „brav sein" und „gute Werke tun" und haben dadurch Christentum zu einer Religion gemacht.
Der Geist aus Gott muss jetzt den Geist der Welt aus den Köpfen der Menschen wieder vertreiben.

Die Natur Jesu Christi ist göttlich und er möchte auch uns wieder zu **Kindern Gottes** verwandeln und uns in die Familie Gottes einfügen. Gott ist dann unser Vater und Jesus unser älterer Bruder.

Ein Christ sollte das attraktivste Leben führen. Gottesdienst heißt, der Geist Gottes dient uns, und nicht wir dem Geist. Gott ist im Geben wesentlich besser als wir im Nehmen. Was könnten wir Gott geben, außer dass wir ihn hier auf Erden als seine Kinder repräsentieren.
Wenn Gott uns dient und wir unter seiner Führung stehen, sind wir Sieger in jeder Situation und herrschen über die Umstände.

Das Wort **Leben** wird in der deutschen Sprache missverständlich verwendet. Die Betriebsanleitung für ein gelungenes Leben ist in Griechisch geschrieben, wo es drei Begriffe für Leben gibt. Leider geht die Bedeutung dieser unterschiedlichen Worte im Deutschen verloren.

Bios = körperliches Leben
Psyche = seelisches Leben
Zoe = göttliches Leben

Nur das göttliche Zoe-Leben hat eine Qualität, wie Gott auf Erden zu leben, und Ist das Leben in der Fülle. Es kann nicht sterben, solange Gott nicht stirbt.

Seit 2000 Jahren ist Jesus Christus alle Macht gegeben im Himmel und auf Erden. Er hat den Fürst dieser Welt besiegt und öffentlich zur Schau gestellt. Leider machen die Menschen den Fürsten dieser Welt wieder zu ihrem Gott.
Es ist unsere Entscheidung, ob wir Gott, unseren Schöpfer, immer mehr aus dem öffentlichen Raum verdrängen und eventuell sogar den Dämon Allah oder andere Götzen anbeten. Nur dadurch bekommt der Gegner Gottes immer mehr Raum. Einige sagen: Ich liebe Christus und auch Mohammed, ich bin daher ein christlicher Moslem! Das ist so, wie wenn du sagen würdest: Ich bin ein vegetarischer Fleischesser.
Leider wird in unserem Land Christentum von fast allen mit der kath. Kirche und Religion verwechselt.

Der größte Irrtum ist die Verwechslung von Christentum und Religion.

Alle Religionen, auch die christlichen, gehen von einer falschen Grundannahme aus, nämlich: Du bist verkehrt, ein kaputter Sünder, und du musst besser werden. Die religiösen Systeme machen dann Angebote, wie man sich bis zu einem gewissen Grad verbessern kann, durch Gesetze, Verhaltensregeln, gute Werke, Kasteiungen usw. Gott hat aber nie gesagt, du musst besser werden, sondern er sagt: Wenn du mir vertraust, mache ich dich vollkommen neu.

2.Kor 5.17 Wenn jemand in Christus ist, ist er eine neue Schöpfung. Joh 3.6 Was aus dem Fleisch geboren ist, das ist Fleisch; was aber aus dem Geist geboren ist, das ist Geist. Joh 3.7 Wundere dich nicht, dass ich dir sagte: Ihr müsst von neuem geboren werden.

Der innere Mensch, der Geist, der bei Gott zählt, muss neu werden.
Wer an Christus, den auferstandenen Messias, glaubt und es auch bekennt, dessen Geist ist neu geboren.

Gott liebt jeden Menschen, auch die Sünder, unabhängig von ihrem Verhalten. Seine Gnade ist auch für die „schwarzen Schafe" mehr als ausreichend, und seine bedingungslose Liebe können uns wir Menschen schwer vorstellen. Das heißt aber nicht, dass wir seelisch, d.h. nach den fleischlichen Gelüsten leben sollen.
Gott hasst die Sünde, weil sie dem Sünder schadet und ihn letztlich tötet, aber er liebt den Sünder.
In religiösen Kreisen werden die Menschen in gute und böse Menschen eingeteilt. Im Reich Gottes gibt es nur Sünder, die aufgrund der Gnade Gottes ins Reich Gottes gekommen sind.

Auch **Wikipedia** kennt den Unterschied zwischen Religion und Christentum nicht. Es wird ohne Unterscheidung zwischen Weltreligionen und anderen geschrieben und aufgezählt:
Christentum, Islam, Hinduismus, Buddhismus, Daoismus, Sikhismus, Jüdische Religion, Bahaitum, Konfuzianismus und Shintō.

Der größte Teil der 2,3 Mrd. Namenschristen, 1,5 Mrd. Hindus und Buddhisten, 1,4 Mrd. Muslime, 1,4 Mrd. Atheisten und etwa 1,4 Mrd. Animisten und andere Religiöse werden noch immer von mächtigen religiösen Geistern belogen und ihrer Lebensqualität beraubt, obwohl seit 2000 Jahren jedem Menschen durch das Erlösungswerk Jesu Christi ein wunderbares Leben in der Fülle bereit stünde. Die Menschen müssten dieses Geschenk nur annehmen.

Was verstehen die meisten unter Christentum?

Römisch-katholische Kirche, Altkatholische Kirchen, Evangelische Kirchen, Orthodoxe Kirchen, Altorientalische Kirchen, Neuapostolische

Kirchen, Anglikaner, Freikirchen, Waldenser, Hussiten, Täufer, Baptisten, Quäker, Pietisten, Methodisten, Unierte, Pfingstkirchen, Mekane-Yesus-Kirche, Bibelforscherbewegung, Zeugen Jehovas, Freie Bibelforscher, Neue Kirche (Swedenborgianer), Johannische Kirche, Mormonentum/Kirche Jesu Christi der Heiligen der Letzten Tage, Gemeinschaft Christi, Kirche Christi (Temple Lot), Judenchristen, Sabbatianer, Messianische Juden, Gnostische Kirchen ... um nur einige zu nennen.

Es gibt so viele Konfessionen. Ist wirklich die katholische Kirche die einzig zum Heil führende, die „allein selig machende" Kirche? Wo müssen die sogenannten Sekten eingeordnet werden?

Was verstehen die meisten unter Islam?

Muslime sind stolz, im Gegensatz zum Christentum, nur den einen, unverfälschten Islam zu haben und sprengen sich in blutigen Kämpfen gegenseitig als Sunniten, Salafisten, Hanafiten, Wahhabiten, Ahl-i Hadîth, Schafiiten, Hanbaliten, Malikiten,
Schiiten, Imamiten, Schaichiten, Dschafariten, Zaiditen, Ismailiten, Nizaris, in die Luft. Weil jeder glaubt, nur er hat den wahren Islam nach der Tradition Mohammeds.
Vor sufischen Gemeinschaften, Qadiriyya, Mevlevi, Bektaschi, Naqschband, Halveti, Schadhiliyya,
Charidschiten, Ibaditen, Abangan, Xidaotang, Babismus,
Aleviten, Alawiten (Nusairier),
Drusen, Ahl-e Haqq, Schabak, Bajwan, Sarli, Ahmadiyya ... um nur einige zu nennen, braucht man hingegen keine Angst zu haben. Sie versuchen eine friedliche Auslegung des Islam zu leben.

Was verstehen die meisten unter Hinduismus und Buddhismus?

Beispiele für merkwürdige Religiosität

Evolution: Die Evolutionstheorie soll die Mutter aller Wissenschaften sein, widerspricht aber jeder naturwissenschaftlichen Erkenntnis und ist wissenschaftstheoretischer Schwachsinn, nicht einmal auf dem Niveau einer Hypothese, und ist nur Aberglaube, die Ersatzreligion der Materialisten.

Islam: Scharia, Jihad, mit Feuer und Schwert das Haus des Friedens errichten, Gewalt gegen Frauen, Paradies für Selbstmordattentäter, gesundheitsschädliches Essen in der Nacht als Fasten bezeichnen, Selbstgeißelung usw.

Katholizismus: Papsttum, Kreuzfahrer, Inquisition, Hexenverbrennung, Leiden sei die beste Methode, um bei Gott Gefallen zu finden, Gott in einem Kasten unter einem Leintuch als Himmel herumtragen, Selbstgeißelung usw.

Buddhismus: negatives Karma abbauen durch zweijährigen Bußmarsch, zwei Schritte gehen, niederwerfen, klatschen, zwei Jahre lang bei jedem Wetter, Askese, Gebetsfahnen, Gebetsmühlen, Nirwana

Hinduismus: militanter Hinduismus, Kastensystem, Kasteiungen, Millionen von Göttern, heilige Kühe, Karma statt Gnade, Götter, Menschen und Tiere durchwandern in einem ewigen Kreislauf die Weltzeitalter

Ökosozialismus: bekämpft die Wahrheit unter dem Dogma der Nicht-Diskriminierung, betrachtet sich als Verteidiger der Freiheit, Menschenrechte, Demokratie und Gender-Standards und unterstützt den Islam mit seinen antidemokratischen, frauenfeindlichen, rassistischen, diskriminierenden, gewalttätigen und mörderischen Aussagen

Sekten mit Massenselbstmorden und den verrücktesten Glaubensinhalten

Das System der drei grausamsten Religionen der Geschichte soll am Beginn, **nach dem Ausmaß der Brutalität geordnet,** beschrieben werden.

Evolution

Die wenigsten wissen, dass Evolution mit Naturwissenschaft nichts zu tun hat und nur der Glaube und die Religion der Materialisten ist. Diese brutalste Religion des Menschen wurde erst in der Neuzeit entwickelt und richtet sich gegen die erste Schöpfung Gottes, die noch immer so wunderbar ist, besonders dort, wo der gefallene Geist des Menschen noch nicht hingekommen ist. Die Evolutionisten wollen mit ihren irrationalen Ideen die Schöpfung und Gott, den Schöpfer, abschaffen und dem Zufall, dem Chaos und der Materie ordnende und schöpferische Kraft zuweisen. Die Leugnung der ersten Schöpfung hat primär das Ziel, die zweite Schöpfung abzulehnen.
Moderne Erkenntnisse der Physik, Chemie, Informatik, Molekularbiologie, Molekularchemie, Genetik und Ontogenese sagen aber eindeutig: Evolution ist im Rahmen der Naturwissenschaft nicht möglich. Evolution ist eine Philosophie oder ein Glaubensbekenntnis, ein moderner Schöpfungsmythos ohne Gott und somit eine Religion.

Die Evolutionslehre ist eine unbewiesene Hypothese; jedes Postulat der Evolutionisten wird durch rationale Fakten widerlegt. Die acht wichtigsten Punkte des Evolutionsmodells auf der biologisch materiellen Ebene sollen den tatsächlichen Fakten gegenübergestellt werden.

1. Das erste Leben ist durch biochemische Verfallsprozesse aus lebloser Materie entstanden.
Tatsache ist: Für die Biogenese, den Sprung von der toten Materie zum Einzeller, gibt es keine Theorie und keinen einzigen praktischen Beweis. Sämtliche Experimente, künstliches Leben zu erzeugen, sind gescheitert.
Dass Mikroben aus unbelebter Materie entstehen, war zur Zeit Darwins eine weit verbreitete Meinung. Darwin hatte noch eine sehr einfache Vorstellung von einer Zelle. Pasteur erkannte schon: Leben kommt nur von bereits existierendem Leben. Moderne Wissenschaft weiß jetzt, dass eine einfache Zelle eine Art Fabrikanlage und eine unheimlich komplexe Datenbank darstellt und genau so wenig durch Zufall von

selber aus toter Materie entsteht wie eine Boeing 747 in einem Wirbelsturm aus den Teilen eines Schrotthaufens. Wobei noch eher die Boeing 747 aus toter Materie entsteht, als ein sich selbst reproduzierendes Lebewesen.

Der Mensch kann nicht einmal eine einzige lebende Zelle herstellen, geschweige denn einen Grashalm. Dabei hätte er die dazu notwendigen Elemente zur Verfügung und müsste sie nicht aus dem Nichts erschaffen.

Die Behauptung, dass Leben aus unbelebter Materie entstehen kann, gehört unwiderruflich der Geschichte an. Die Entstehung der Zelle ist der dunkelste Fleck der Evolutionshypothese.

Daher wird unter anderem auch behauptet, die erste Zelle sei zufällig aus dem Universum auf die Erde gekommen. Wo diese herkam, bleibt wieder unbeantwortet.

2. Alle Hauptlebensformen entstammen durch einen langsamen Wandlungsprozess einer einzigen Urzelle.

Tatsache ist: Die postulierte Makroevolution, die Höherentwicklung der Urzelle zu komplexeren Formen bis hin zum Affen und Menschen kann weder in der Natur beobachtet, noch aus der Genetik abgeleitet werden. Die Grundtypen sind stabil. Es gibt keinen Sprung über die Artengrenze hinaus. 250 Mio. katalogisierte Fossilien in den Museen der Welt zeigen immer bestehende Arten oder ausgestorbene Arten, aber keine Übergangsformen, sondern eine kambrische Explosion der Lebensformen. Ganze Gruppen sind urplötzlich da. War das der Schöpfungsknall oder Urknall?

Die Funktion von 70 Mrd. Körperzellen ist bis ins Kleinste abgestimmt. Wegen der nicht reduzierbaren Komplexität hatten sie keine Chance, sich in kleinen Schritten zu entwickeln.

Die Theorie Darwins kann erklären, wie ein Organismus durch kleine Veränderungen Vorteile erlangen kann. Die große Vielfalt innerhalb einer Artengruppe, die so genannte Mikroevolution, ist Realität, hat aber mit einer evolutionären Höherentwicklung nichts zu tun.

Ein komplexes System wie eine Zelle, ein Organismus oder eine Maschine funktioniert nicht mehr, wenn man einen der Bauteile aus dem

System entfernt, die Funktion des Systems bricht zusammen, es braucht alle Bestandteile. Jeder kann versuchen, einen Verbrennungsmotor ohne Zündkerzen zu starten! Der Motor weiß nicht mehr, dass er ein Motor sein soll.

Wenn man bei einer einfachen Mausefalle mit einem Holzbrett beginnt, würde dieses nie Mäuse fangen. Selbst wenn alle Bauteile vorhanden wären und die Feder nicht gespannt ist, würde die Falle ihre Funktion nicht erfüllen. Man kann solche Dinge durch Mutation und Selektion nicht schrittweise zusammensetzen. Offensichtlich braucht man dafür Intelligenz oder eine von außen wirkende intelligente Kraft.

Bei der Erforschung der Zelle findet man bei jedem Schritt, dass sie perfekter, eleganter und komplizierter ist, als man je gedacht hat. Die Argumente für intelligentes Design werden immer stärker und der Glaube an die Selbstorganisation der Materie immer lächerlicher. Derzeit wird der Glaube an den Darwinismus nur durch sozialen Druck aufrechterhalten.

3. Die Natur wird von einem Prinzip der ständigen Steigerung von Komplexität und Informationsinhalt selbst organisierend gesteuert.

Tatsache ist: Die Natur unterliegt einem ständigen Zerfallsprozess und keiner Aufwärtsentwicklung. Rational beobachtbar ist genau das Gegenteil der Evolution, eine Devolution. Noch nie ist eine Art dazu gekommen, sondern die Vielfalt des Lebens nimmt ständig ab. Jeden Tag stirbt eine Art aus. Alles geht von selbst dem Tod, dem Chaos entgegen. Nur durch Aufbringung von Intelligenz, Planung oder mechanischer Arbeit kann man Ordnung in ein System bringen. Diese Beobachtung stimmt auch mit einem naturwissenschaftlichen Axiom, dem 2. Hauptsatz der Thermodynamik, überein.

4. Grundtypen können durch spontane Mutation und natürliche Auslese in höhere Lebensformen übergehen.

Tatsache ist: Mutationen sind zu über 99 % für den Organismus schädlich. Positive Ansätze gehen durch schädliche Mutationen verloren. Selektion sorgt dafür, dass die Art artrein erhalten bleibt. Millionen Versuche in der Pflanzen- und Tierzucht zeigen, dass neue Arten weder schrittweise durch Anhäufung von Genmutationen noch durch Induzierung einzelner progressiver Mutationen hergestellt werden können. Eine Tomate bleibt immer eine Tomate, ein Krautkopf bleibt immer ein Krautkopf und wird nie zum Affen.

Die Entstehung neuer Arten durch Mutation und Selektion ist nicht möglich. Damit ist die Evolutionstheorie tot.

5. Biochemische und morphologische Verwandtschaft ist auf Abstammungsverwandtschaft zurückzuführen.

Tatsache ist: Untersuchungen zeigen recht widersprüchliche Verwandtschaftsverhältnisse zwischen den einzelnen Arten. Nur aus der Ähnlichkeit im Bauplan eine Entwicklung abzulesen ist sehr unprofessionell, denn hier könnte man genauso beweisen, dass der gleiche Designer dahinter steht. Der Porsche sieht dem VW-Käfer ähnlich, weil ihn der gleiche Konstrukteur entworfen hat, und nicht weil er sich ganz von selbst durch Zufall evolutionär entwickelt hat.

6. Die fossilen Organismen weisen auf eine allgemeine Evolution von niedrigen zu höheren Lebensformen hin.

Tatsache ist: Da es keine passenden Übergangsformen gibt, muss dieser Befund anders erklärt werden. Außerdem gibt es bei Libellen, Fledermäusen und vielen anderen Tieren keinen Unterschied zwischen 130 Mio. Jahre alten Fossilien und heute lebenden Tieren.

7. Die Erdschichten sind sehr langsam über Millionen von Jahren durch Prozesse entstanden, die auch heute noch auf der Erde stattfinden.

Tatsache ist: Die fossilen Erdschichten müssen auf Grund der Versteinerung von Lebewesen sehr schnell entstanden sein. Fossilien entstehen nicht durch heute beobachtbare Prozesse, sondern durch Katastrophen. Vor etwa 30 Jahren hat der amerikanische Nobelpreisträger für Physik, Luis W. Alvarez, nachgewiesen, dass die Entwicklungslehre in kleinen Schritten im anorganischen wie im biologischen Bereich, von Lyell bis Darwin, eine nicht haltbare Philosophie ist. Er bewies mit seinen Messungen rund um den ganzen Erdball mindestens eine kosmische Katastrophe.

Die Sintflut, die als weltweite Katastrophe ebenfalls nachgewiesen wurde, und Evolution mit der geologischen Zeitskala schließen einander aus.

Erdschichten, in denen sich Massengräber mit Abermillionen von fossilen Tieren befinden, weisen auf eine oder mehrere gigantische katastrophale Flutwellen von globalem Ausmaß hin.

8. Die Erdschichten vertreten fossile Floren und Faunen, die nacheinander auf der Erde gelebt haben.

Tatsache ist: Ein Nacheinander der fossil überlieferten Lebensgemeinschaften ist nicht zwingend belegt. An vielen Stellen ist ein Nebeneinander oder auch eine Umkehr der Schichtung zu beobachten. Auch heute noch gibt es viele so genannte lebende Fossilien. Unterschiedliche Absetzgeschwindigkeiten bei der Sintflut würden diese Beobachtung ebenfalls erklären.

Eines gibt es wirklich, eine große Vielfalt innerhalb der Artengruppen, die Mikroevolution. Es gibt große Pferde und kleine Pferde, große Hunde und kleine Hunde, aber keine Zwischenformen. Auf dieser Welt leben über 7 Mrd. Menschen und keiner gleicht dem anderen.

Evolutionsvertreter glauben und hoffen, dass ihre Beweisführung, genauso wie der Ablauf der Evolution selber, nur eine Frage der Zeit sei. Eines Tages werde es der Wissenschaft möglich sein, die notwendigen Beweise zu erbringen. Mit Wissenschaft hat das nichts zu tun, sondern es ist im wahrsten Sinne des Wortes nur eine Glaubensüberzeugung.

Die „theistische Evolution" will sich dem Zeitgeist anbiedern und behauptet, dass Gott durch Evolution geschaffen hat, und widerspricht damit der Bibel und den Naturwissenschaften.

Naturwissenschaften arbeiten auf der Basis von Axiomen, die nur durch Falsifikation widerlegt werden können. Es gibt kein einziges Axiom für Makroevolution, das standhalten würde, sondern nur Gegenbeweise. Makroevolution ist wissenschaftstheoretisch betrachtet nicht haltbar, eine Philosophie, nicht einmal im Rang einer Hypothese.

Fanatismus unterbindet die Bereitschaft zum Dialog. Die Vernunft wird ausgeschaltet. Der Glaube wird zur Wissenschaft erklärt und dafür werden sogar Nobelpreise vergeben. Als Beispiel für diese Behauptung kann der letzte österreichische Nobelpreisträger Konrad Lorenz angeführt werden. Er sagte: "Dass aus einer Amöbe sich ein Beethoven und ein Einstein gegen den zweiten Hauptsatz der Thermodynamik entwickeln konnte, ist ein Wunder. Und ich glaube an dieses Wunder."

Der Biochemiker Ernest Kahane sagte in Genf bei CERN: „Es ist absurd und absolut unsinnig zu glauben, dass eine lebende Zelle von selbst entsteht, aber dennoch glaube ich es, denn ich kann es mir nicht anders vorstellen."

Auch dem berühmten Evolutionisten Sir Arthur Keith blieb zeit seines Lebens nichts anderes übrig, als an die Evolution zu glauben. Er musste eingestehen: „Die Evolution ist unbewiesen und unbeweisbar. Wir glauben bloß deswegen an sie, weil wir sonst an die Schöpfung glauben müssten, und eine solche ist undenkbar."

Huxley erkannte an, dass Evolution unwahrscheinlich sei, aber er glaubte doch, dass sie geschehen könnte, weil es sonst keine Alternative zur Schöpfung gäbe.

Evolution ist wissenschaftstheoretischer Stumpfsinn, hat mit naturwissenschaftlichen Axiomen nichts zu tun und ist nur die Ersatzreligion der Materialisten, die Gott leugnen will. Evolution stellt zwei Glaubensdogmen auf, die nicht hinterfragt werden dürfen. Sie schreibt der Materie zwei „göttliche" Eigenschaften zu: Materie ist ewig und bringt Leben hervor. Leider wurden diese Eigenschaften der Materie noch nie beobachtet.

Dieser Glaube ist einfältiger als der Glaube primitiver Völker, die zumindest starke Tiere und nicht die tote Materie angebetet haben.

Dawkins, Hitchens, Dennett, Harris schreiben verbissen gegen den vermeintlichen Gottes-Wahnsinn und können nicht zwischen religiösem Wahnsinn und Glauben unterscheiden. Sie werden von ihren Verehrern als große Wissenschaftler bezeichnet, obwohl ihre Theorien von jedem Kind widerlegt werden können. Mit Feuereifer werben sie für einen säkularen Humanismus und eine Welt, in der die Wertvorstellungen von Shakespeare, Milton und Dostojewski die Einsichten der Bibel ablösen.

Mit seinem Buch "Der Gotteswahn" hat sich der vermeintlich große Wissenschaftler Dawkins auf ideologisches Glatteis begeben und hat in einer recht plumpen und inkompetenten Weise mit seiner emotionalen Argumentation den Anhängern des "Intelligenten Design" direkt in die Hände gespielt.

Der grundsätzlichen Frage: „Warum gibt es überhaupt etwas?", die Philosophen zu allen Zeiten angetrieben hat, geht Dawkins auf simple Weise mit dem Hinweis aus dem Weg, dass ja nicht sicher sei, ob diese Frage nicht völlig sinnlos ist.

Diese Frage als sinnlos abzutun bedeutet die Annahme, dass es die Letztursache für die Existenz des Universums und aller dazu gehörigen Naturgesetze nicht gibt. Dies kann man natürlich tun. Doch das ist dann keine Argumentation, sondern eine Glaubensentscheidung.

Im Anfang war eher der „Logos", und nicht die Amöbe oder der Urknall.

Die Bibel ist heute noch genau so aktuell wie vor 2000 Jahren. **Römer 1.21 Daher sind sie unentschuldbar. Denn sie haben Gott erkannt, ihn aber nicht als Gott geehrt und ihm nicht gedankt. Sie verfielen in ihrem Denken der Nichtigkeit, und ihr unverständiges Herz wurde verfinstert. Sie behaupteten weise zu sein, und wurden zu Toren.**

Jedes Detail im Universum ist planvoll durchdacht. Wer aber das Wort „Intelligentes Design" ausspricht, wird sofort als dumm hingestellt.

Tatsache ist, dass zu einem vollständigen Menschen neben dem Körper auch die Seele und vor allem auch der Geist gehören. Wie sich der menschliche Geist, auf dessen Leistung sich die Wissenschaft häufig beruft, entwickeln konnte, bleibt ein noch größeres Rätsel.

Ist schon die biologisch körperliche Evolution reine Fantasie und Wunschdenken, so ist eine immaterielle Evolution der Seele und des Geistes unvorstellbar. Daher behaupten Evolutionisten, der Mensch ist ein höher entwickeltes Tier, seelenlos, geistlos, und wenn das Licht in den Synapsen ausgeht, ist die Existenz vorbei.

Aber Geist ist Energie und die Naturwissenschaft weiß, Energie können wir nicht schaffen und nicht vernichten, sondern nur umwandeln.

Mit der Philosophie, der Evolutionslehre, wird dem Menschen die Würde des Lebens genommen und er wird auf ein Vegetieren beschränkt. Satan hat mit dem Evolutionsglauben sein Ziel erreicht, den Menschen das göttliche Potenzial zu rauben.

Evolution ist keine wissenschaftliche Theorie, sondern ein **moderner Schöpfungsmythos ohne Gott**. Jede Kultur braucht eine Schöpfungsgeschichte als Grundlage für Philosophie, Erziehung und Gesetzgebung. Das Wissen darüber, woher wir kommen, warum wir hier sind, was der Sinn des Lebens ist und wohin wir nach dem Tod gehen werden, beeinflusst die Beziehung zu unseren Mitgeschöpfen.

Evolution ist die Ideologie, die bisher das größte Leid über die Menschheit gebracht hat. Haeckel lieferte im 19. Jahrhundert die Philosophie für Hitlers Rassengesetze. Die Gaskammern von Auschwitz waren die letztendliche Konsequenz dieser Theorie. Die Erklärung der Wannseekonferenz enthält mehrere Ausdrücke der Evolutionstheorie, die zur Begründung der Ausrottung ethnischer Menschengruppen genutzt wurden. Stalin war ein überzeugter Anhänger der Evolution. Die drei großen atheistischen Regime des 20. Jahrhunderts, Hitler, Stalin und Mao Tsetung waren für fast 160 Mio. Tote verantwortlich.

Derzeit werden weltweit jährlich 50 Mio. Abtreibungsmorde mit dem biogenetischen Grundgesetz von Haeckel entschuldigt. Im kommunistischen Russland galt Abtreibung als anerkannte „Verhütungsmethode". Frauen mit dreizehn Abtreibungen waren keine Seltenheit. Die Folge waren meist tiefe sichtbare Verletzungen der Seele dieser Frauen.
Seit etwa 40 Jahren, seit der rechtlichen Freigabe der Abtreibung, gibt es auch in der westlichen aufgeklärten, humanistischen Gesellschaft diese „Kultur des Todes".
Die neue DNS-Forschung hat dieses Grundgesetz als Fantasie entlarvt. Ab Verschmelzung von Samenzelle und Ei ist der Mensch in seinem Aussehen und in seinen Charaktereigenschaften fertig. Er muss nur mehr wachsen.

Tatsache ist: Der evolutionäre Rassenwahn Hitlers hat etwa 55 Mio. Menschen auf dem Gewissen.

In kommunistischen Staaten mit ihrer neodarwinistischen Ersatzreligion wurden zwischen 1917 und 1989 mindestens 100 Mio. Menschen ermordet (Schwarzbuch des Kommunismus).

Im Namen der katholischen Kirche wurden allerdings in einer längeren Zeitspanne Schätzungen zufolge ca. 100 Mio. Menschen zu Tode gebracht, Katharer, Waldenser, Hugenotten, Albigenser, Hussiten, Protestanten, ... durch Inquisition und bei der Kolonisierung und Missionierung Indianer, Afrikaner und andere Völker.

Für die islamischen Kriegs- und Raubzüge zur Verbreitung der Friedensreligion werden in kürzerer Zeit weit mehr als 200 Mio. grausam Ermordete angegeben. Alleine bei der Eroberung Indiens sollen laut Prof. K. S. Lal bis zu 80 Mio. Hindus abgeschlachtet worden sein.

Der humanistische Evolutionsglaube, der Sozialdarwinismus, hat in kürzester Zeit über 1000 Mio. ungeborene Babys auf dem Gewissen.

Aber das Vergiften der Seele der Kinder in der ganzen westlichen Welt hat vielleicht noch größere Folgen und größere Auswirkungen als die vergangene Frucht der Evolution mit über einer Mrd. Toten. Wenn die Folgen nicht so traurig wären, könnte man sagen: Evolution, die Spiritualität der säkularen Gesellschaft, ist der größte Scherz der Geschichte oder der genialste Schachzug Satans, um Gott zu leugnen.

Wir wissen: Mehr als 95% des Universums bestehen aus etwas anderem als den Atomen und Photonen, die die Grundlage für die gewöhnliche Masse und Energie bilden. Wissenschaftler sind zu dem Schluss gekommen, dass die unsichtbare Kraft, die alles zusammenhält, von etwas anderem erzeugt werden muss, etwas, was wir noch nicht kennen und daher „Dunkle Materie" und „Dunkle Energie" nennen.

Wir haben es mit einem geheimnisvollen Universum zu tun, und je mehr wir darüber wissen, umso geheimnisvoller erscheint es uns.

Dunkle Materie und Dunkle Energie, die mehr als das 20-fache der Masse des Universums ausmachen, können von der modernsten Wissenschaft nicht direkt wahrgenommen werden. Seit 2000 Jahren gibt die Bibel eine Antwort: **Heb 1.3 In dem Sohn zeigt sich die göttliche Herrlichkeit seines Vaters, denn er ist ganz und gar Gottes Ebenbild. Sein Wort ist die Kraft, die das Weltall zusammenhält.**

Jeder Atheist sollte sich darüber im Klaren sein, dass seine Annahme, es gäbe keinen Gott, eine unbeweisbare und nicht gerade logische Vermutung ist, die folgende „Glaubensgrundsätze" hat:

- Entstehung von Energie und Materie durch Zufall ohne Grund und Ziel
- Entstehung von erforschbaren Gesetzmäßigkeiten ohne Plan und Zweck
- Materie bringt aus sich selbst Leben hervor – Strukturen wie die DNA und das Gehirn
- Entstehung des Geistes, des Gewissens und des freien Willens ohne Vorlage und ohne Sinn

Es gibt physikalische Konstanten, auf denen das ganze Universum aufbaut. Alles spricht für einen intelligenten Designer. Ohne diese Bauelemente wäre das Universum und das Leben undenkbar. Diese Konstanten mussten gegeben sein, bevor das Universum geschaffen wurde. Woher kommen sie? Von Gott?

Stell dir vor, es gibt Gott – und du kennst ihn nicht.
Bis jetzt ist es niemandem gelungen, Gott zu beweisen.
Aus diesem Grund empfehle ich dir einen Selbstversuch, und der geht so: Mach dich auf die Suche (denn nur wer sucht, findet...), indem du über einen längeren Zeitraum immer wieder bittest, dass sich Gott dir offenbart.   **- Er wird es tun**.

Atheisten wenden ihre ganze Energie auf, um etwas zu widerlegen, was es nach ihrer Meinung gar nicht gibt.

Wer aber nur dort sucht, wo nichts zu finden ist, wird auch bei größter Anstrengung nichts finden.

Der Islam

Geistiger Hintergrund des Islam

Der tiefere geistige Grund der grausamsten Religion, der Evolutionslehre, besteht darin, die erste Seite der Bibel infrage zu stellen. Satan
bietet eine neue „wissenschaftliche" Schöpfungsgeschichte an und
stellt die Bibel als Märchenbuch hin. Wer nicht an den unmöglichen
Zufall der Evolution glaubt, wird öffentlich lächerlich gemacht.

Die zweitgrausamste Religion hat den gleichen Zweck, die Bibel als
Fälschung, verdreht und unglaubwürdig hinzustellen. Wer sich dem
widersetzt, wird brutal bekämpft. Mohammed hat im 7. Jhdt. die biblische Familiengeschichte Abrahams neu geschrieben und konsequent
ins Gegenteil gewandelt.

Daher glauben Menschen, die Bibel und Koran nur oberflächlich gelesen haben, Gott und Allah seien das Gleiche. Um die perfide Täuschung
zu erkennen, muss man beide Bücher lesen. Jeder wird dann sofort
erkennen, dass die Botschaft der Bibel im totalen Widerspruch zum
Koran steht. Muslime haben aber Angst, die Bibel zu lesen, weil ihnen
angedroht wird, dadurch in die Hölle zu kommen.
Den Koran rezitieren sie nur in Altarabisch, ohne zu wissen, was das in
ihrer Muttersprache bedeutet. Selbst für Araber ist das Altarabische so
unverständlich wie für uns das Althochdeutsche.

Jeder Leiter, Manager oder Familienvater muss ständig Entscheidungen
treffen. In dem Augenblick, wenn wir uns für eine Möglichkeit entscheiden, lehnen wir indirekt die anderen ab. Die Folgen von Ablehnung sind ein großes Problem. Ablehnung hinterlässt tiefe Wunden.

Die Bibel ist voll mit Ablehnungsgeschichten.
Kain war der erste Teenager, der abgelehnt wurde. Darauf ermordete
er seinen Bruder Abel.

Josef wurde seinen Brüdern vorgezogen, die ihn daher hassten und umbringen wollten.

Gott hat dem kleinen David seinen starken Brüdern gegenüber den Vorzug gegeben.

Abraham hat seinen verheißenen Sohn Isaak dem von der Sklavin geborenen Sohn Ismael vorgezogen. Menschlich gesehen war das auch nicht verwunderlich. Ismael, der Stammvater der Araber, wird schon in **1.Mose 16.12** beschrieben: **Er wird ein Mensch sein wie ein Wildesel. Seine Hand gegen alle, die Hände aller gegen ihn! Allen seinen Brüdern setzt er sich vors Gesicht.**

Esau hat für eine Linsensuppe sein Erstgeburtsrecht an Jakob verkauft. Gott hat ihn trotzdem gesegnet, daher besitzen die Araber so viel Erdöl. Jakob, der Stammvater Israels, bekam aber mit dem Erstgeburtsrecht den doppelten Segen. Diese Ungleichbehandlung wird dann in der ausdrucksarmen hebräischen Sprache als lieben und hassen bezeichnet. (**Maleachi 1.2+3**) Obwohl Esau aus freier Entscheidung sein Erstgeburtsrecht an Jakob verkauft hat, wollte er seinen Bruder für die Folgen töten. (**1.Mose 37.41**)

Esau hat nach **1.Mose 28.69** eine Tochter des abgelehnten Ismael geheiratet. Ablehnung hat diese Familien, die Vorfahren der Araber, vereint.

Die Zeit heilt nicht alle Wunden. Die Zeit heilt keine Ablehnungswunden, nur die vollkommene Liebe, Jesus Christus, kann hier Heilung bringen.

Im 7. Jhdt. hat dann Mohammed im Koran die wesentlichen Aussagen der Bibel aufgegriffen und umgekehrt. Die jüdisch-abrahamitische Familiengeschichte wurde verdreht. Ismael, der Sohn der Sklavin, wurde zum Heilsträger. Der übernatürlich geborene Isaak wird nur am Rande, Ismael untergeordnet, erwähnt. Auch die Hauptpunkte des jüdisch christlichen Glaubens wurden verändert und die über Jahrtausende überlieferte Bibel als verfälscht erklärt. Der Koran leugnet die wichtigsten Glaubensinhalte der Christen: Jesus als Sohn Gottes, seine Kreuzigung und die Auferstehung von den Toten.

Der Islam ist die Verdrängung der tiefen Wunde der Ablehnung.
Wer das verstanden hat, versteht auch den Nahostkonflikt.

Jetzt hätten sie ein Buch, wo Ismael der Auserwählte und Gesegnete ist und das Land ihnen gehört. Und da kommt vor etwa 70 Jahren ein kleines Volk und nimmt das Land in Besitz, obwohl es im Koran ganz anders steht. Und dieses kleine Israel dominiert die ganze übermächtige islamische Welt. **Das ist ein großer Widerspruch, der für Muslime den Wahrheitsgehalt des Korans infrage stellt und unerträglich ist.**

„Allahu akbar", der tägliche Gebetsruf, sogar in der Flagge des Irak, des Iran und Afghanistans enthalten, klingt angesichts der Realität etwas lächerlich. (Unser Gott ist der größte, heißt eigentlich: Unser Gott ist größer als euer Gott.)

Die Muslime behaupten, dass sie seit 1300 Jahren in Palästina sind, (das aber früher Judäa oder Israel hieß) und deshalb niemand das Recht habe, ihr Land zu besetzen. Den viel älteren Anspruch Israels müssen sie daher leugnen. Die Arbeiten, die Muslime heute am Tempelberg durchführen, sollen ihren Anspruch auf das Areal festigen helfen. Unter dem Vorwand der Instandsetzung zerstören sie bzw. decken sie die Überreste des jüdischen Tempels zu, weil sie leugnen, dass es eine jüdische Präsenz auf dem Tempelberg jemals gegeben hat.

Selbst intelligente Muslime zeigen heute ein Geschichtsbewusstsein über Israel, das den gesicherten Fakten der jüdischen Geschichte total widerspricht. Dabei ist die Geschichte Israels über Originaldokumente, archäologische Funde und die Bibel am sichersten und besten dokumentiert.

Die praktische Umsetzung des Islam

Der Islam ist auf Grund seiner Statuten nicht nur eine Religion, sondern Staatsform, umfassende Lebensführung und Gesetzgebung. Er ist religiöse und politisch-soziale Ordnung in einem. Der Unterschied zwischen Islam und Islamismus ist daher der gleiche wie zwischen Terror und Terrorismus. Der Islam kennt keine Trennung zwischen Kirche und Staat. Das ist ein unauflösbares Problem.

Laut islamischer Überlieferung hat der Engel (Dämon) bei der Offenbarung des Korans Mohammed fast zu Tode gewürgt. Seine Frau Khadidja ermutigte Mohammed und erklärte ihm, der Engel sei Gabriel gewesen. Die satanischen Verse im Koran sollten auch nachdenklich stimmen. In der Bibel wird Satan immer als Lügner, Menschenmörder und Zerstörer beschrieben.

Der Koran wurde 700 – 900 Jahre nach dem Kreuzestod Jesu Christi geschrieben und bezeichnet sich bezüglich Jesus Christus als authentischer als die Überlieferung der Jünger Jesu, die das Geschehen persönlich erlebten, und die Berichte damaliger Geschichtsschreiber.

1972 wurden in Sanaa alte Koranschriften in einer Schriftart, die als Rezitationshilfe diente, aus der Lebenszeit Mohammeds gefunden, die dem Koran eine andere Deutung geben. Daher duldet das Königshaus von Saudi-Arabien keine archäologischen Untersuchungen in Mekka und Medina, denn man würde heute noch die vielen Skelette von Mohammeds Massaker unter dem Marktplatz von Medina finden.

Archäologie, sowie das Studium von Münzen, Papyri und Inschriften erweitern unser Wissen, sind aber z.B. im Islam aus nahe liegenden Gründen nicht erwünscht.

Der Koran, für dessen Entstehung und Überlieferung es keine archäologischen und historischen Beweise gibt, sondern nur berechtigte Zweifel, muss bedingungslos geglaubt werden. Wer zweifelt, wird mit dem Tod bedroht.

Die Bibel, für die es sensationelle Beweise gibt, z.B. Die Qumranfunde des Jesaja-Evangeliums, nachweislich aus dem 2. Jhdt. v.Chr., die eine exakte Prophetie auf den Kreuzestod Jesu Christi sind, wird von Muslimen als Lüge bezeichnet. Dabei beweisen die Qumranfunde, dass die Bibel seit über 2000 Jahren authentisch überliefert wurde. Nachdem Jesaja 1500 Jahre älter ist als der Koran, kann wohl nur der Koran eine Fälschung sein. Wegen der zusätzlichen außerbiblischen Bestätigungen gibt es keinen rational haltbaren Grund, die Historizität der Kreuzigung und des Todes Jesu Christi anzuzweifeln.

Mohammeds Buch, der Koran, enthält viele verworrene Bezugnahmen auf Personen und Geschehnisse, von denen die Bibel berichtet. Muslime behaupten stereotyp, ohne es je selbst geprüft zu haben, dass die

Bibel verfälscht wurde, bleiben aber eine Antwort auf die konkrete Frage: Was, wie und wann? schuldig.

Der Segen Abrahams soll Ismael und nicht primär Isaak gegeben worden sein; daher ist es für Muslime so ärgerlich, dass weit über 200 Mio. Araber das kleine Land Israel nicht auslöschen können.

Wenn Muslime die Bibel als verfälschtes Buch bezeichnen, ist kein Christ beleidigt, weil jeder selbst die Konsequenzen tragen muss, wenn er das Buch des Lebens gering schätzt.

Wenn jemand den Koran als verfälschtes Buch bezeichnet, sind Muslime schwer beleidigt und können sehr aggressiv werden.

Wenn Muslime Jesus Christus die Göttlichkeit, die höchste Würde absprechen, ist kein Christ beleidigt, weil jeder selber die Folgen seines Glaubens tragen muss.

Wenn man Mohammed nicht als Propheten, sondern als Feldherrn mit schrecklichen Kriegsgräueln und anderen Untaten sieht, sind Muslime schwer beleidigt und können gewalttätig werden.

Wer zu viel Wahrheit über den Islam ausspricht, zieht sich nicht nur den Hass der radikalen Islamisten zu, sondern auch den der Multikultur-Ideologen, Ökosozialisten und vieler relativistischer Theologen.

Aussagen im Koran sind so widersprüchlich, dass die Ideologien des IS, der Taliban (Religionsstudenten), Hisbollah, Al-Kaida, Boko Haram Wahabiten, Salafisten, Moslembrüder, Al Shabaab-Miliz, Al-Aksa, Jemaah Islamiya, Abu Sayaf, Bangsamoro Islamic Freedom Fighters usw. bis hin zum von Christentum beeinflussten Euro-Islam alles als rechtmäßige Auslegung des Korans angesehen werden kann.
Nur der Euro-Islam ist nicht der Islam, wie ihn Mohammed vorgelebt hat und wie er in der Sunna und den Hadithen beschrieben wird.

Die wenigsten wissen, dass für Muslime nicht die UN-Menschenrechtsdeklaration von 1948 gilt, sondern die Kairoer Menschenrechtsdeklaration von 1990 bzw. die arabische Charta der Menschenrechte, d.h. die Scharia. Dabei ist die Scharia so grausam und sadistisch, dass sie nicht alle islamischen Staaten einführten. Religionsfreiheit bedeutet nicht, nach westlicher Vorstellung von Menschenrechten die religiöse Anschauung frei zu wählen, sondern die uneingeschränkte Entwicklungsmöglichkeit des Islam.

Es gibt in keinem einzigen islamischen Staat Minderheitenrechte, die eingehalten werden.

Aus Gründen der „political correctness" wird in westlichen Medien konsequent verschwiegen, dass es jetzt noch weltweit, vorwiegend in islamischen Staaten wegen ihres Glaubens an Jesus Christus, jährlich viele tausend christliche Märtyrer gibt (ermordet oder durch Haftbedingungen und Straflager zu Tode gebracht).

Menschenrechte und Demokratie sind säkularisiertes Christentum.

Berechtigte Kritik an den Missständen des Islam, wie es von der EU-Agentur für Grundrechte gefordert wird als Islamophobie zu verfolgen, ist eine Schande und vollkommen unverständlich und tritt die Meinungsfreiheit mit Füssen.

Die Diskussion um äußere Symbole wie Kopftuch und Minarett geht am Wesentlichen vorbei. **Wann wird endlich über die Glaubensgrundlagen des Islam, wie sie im Koran und in den Haditen stehen, geredet, über Scharia, Jihad, Schutzgeld, Kuffar, Beleidigung Mohammeds, Töten, Staatsform im Islam, Lügen usw., die Andersgläubige und Ungläubige beleidigen und bedrohen.**

Sind die Stellen im Koran zum Umgang mit Frauen, Kindern, Andersgläubigen, Loyalität zum Gastland, Abfall vom Glauben od. Religionswechsel mit unseren Staatsgesetzen vereinbar? Daher wird zum neuen Islamgesetz die Schutzbehauptung aufgestellt, der Koran kann nicht übersetzt werden. Es muss aber schriftlich und konkret festgestellt werden, ob **Polygamie, Pädophilie (Hadite 806,** www.al-islam.com, **Ministerium für islamische Angelegenheiten, Saudi-Arabien), Gewalt gegen Frauen (Hadite 816, 817, Sure 4.15, 4.34 33.50), Aufrufe zur Ermordung von Ungläubigen, Götzendienern und Polytheisten (=Synonym für Christen), Sure 2.191, 5.33, 9.5, die ge-**

40

walttätigen Suren 9.29, 9.41, 47.4 oder Rassismus in Sure 5.60, 8.55, 98.6, und die Forderung, sich nicht zu integrieren, in Sure 3.118 noch Gültigkeit haben.

Z.B. verbietet Mohammed eindeutig nur den Juden in Sure 5, Vers 32 mit einem Zitat aus der jüdischen Thora, sich gegen Muslime zu wehren. Mit diesem Vers wollen uns Muslime die Friedfertigkeit des Islam vortäuschen. In der anschließenden Sure 5.33: „Der Lohn derer, die Krieg führen gegen Allah (ihn beleidigen) und Seinen Gesandten, wäre der, dass sie getötet oder gekreuzigt werden sollten", werden die Muslime aufgefordert, ihre Feinde bestialisch zu ermorden. Das verschweigen sie uns. Entweder haben sie den Koran überhaupt nicht gelesen oder sie belügen uns bewusst.

Warum haben dann Islamisten in Paris und die weltweiten islamischen Terrororganisationen unislamisch gehandelt, wenn Sure 5.33 als heilig, unveränderbar und ewig gültige betrachtet wird.

Wie kann man das aus dem Zusammenhang reißen oder falsch verstehen? Einige betreiben dann Takkiya und behauptet, das sind nur unverbindliche Aussagen eines historischen Glaubensbuches.

TAKKIYA (Täuschung der Ungläubigen) ist im Koran zum Vorteil des Islam erlaubt und stellt das größte Problem beim Dialog mit Muslimen, islamischen Institutionen und Staaten dar. Daher muss mit Nachdruck eine schriftliche Offenlegung des islamischen Glaubensbekenntnisses in einer Art „Konkordat" eingefordert werden. Ein Scheindialog hilft niemandem.

Mohammed war in den Anfängen in Mekka ein aufrichtiger Muslim (totale Hingabe an Gott). Er lebte tolerant, in Liebe, demütig und ehrlich in der Tradition von Abraham und Joseph und vor allem im Geist des Messias Jesus Christus. Er stand damals unter dem Einfluss des blinden Waraqa Ibn Naufal, welcher der judenchristlichen Sekte der Ebioniten angehörte, seines Onkels Abu Talib und seiner Ehefrau Khadidja, mit der er treu in Einehe verbunden war.

In Medina fiel er in das Verhalten der heidnischen Araber zurück und wurde im nun kreierten Heiligen Krieg zum Heerführer, der zum Töten aufrief.

Muslime berichten uns vom Rauben, Morden, Lügen, von Sexsklavinnen und seiner kindlichen Lieblingsehefrau, was einen anderen Schluss als eine Heiligenverehrung zulässt.

Selbst die Muslime erkennen diese Wandlung in ihrem Propheten und sprechen daher vom Vorislam in Mekka und Vollislam in Medina, mit dem erst 622 die islamische Zeitrechnung begann.

Mit Feuer und Schwert wurde der Glaube verbreitet. Die Wahl zwischen Bekehrung zum Islam und Tod führte den Heeren des Islam immer neue Kräfte zu. Doch ungezählte Scharen starben lieber, als dass sie Christus verleugneten. Der erste Massenmord Mohammeds am jüdischen Stamm der Quraiza wird als Gottesurteil dargestellt. Raubüberfälle auf Karawanen werden als aufgezwungener Wirtschaftskrieg gegen Mekka bezeichnet. Sogar im heiligen Monat überfällt er eine Karawane und bricht damit den Landfrieden. Gerechtfertigt wird dieses Vorgehen dann in einer göttlichen Offenbarung, Koran Sure 2.217.

Der Harem ist Mohammed ebenso Last wie Lust. Er stöhnt über die Intrigen um seine Lieblingsfrau Aischa. Aber immer rechtzeitig werden ihm Koranverse zur Disziplinierung seiner Ehefrauen von Allah eingegeben. Die Ehe Mohammeds mit seiner Lieblingsrau Aischa, dem neunjährigen Mädchen, wird nicht kritisch hinterfragt. Die sexuelle Ausbeutung minderjähriger Mädchen wird noch heute in islamischen Staaten toleriert.

Chamenei, der im Namen der Genussehe ein kleines Mädchen vergewaltigte, schämt sich nicht, dieses Verbrechen in seinem Buch Tahrir al-Wasilah mit einer Fatwa zu legitimieren.

Muslime selbst überliefern uns im Koran und in den Hadithen ein vollkommen anderes Bild von Mohammed, als sie verehren. Daher dürfen sich Muslime nicht wundern, wenn Mohammed in der westlichen Welt von vielen als Massenmörder, Räuber und Frauenheld mit Sexsklavinnen aus der Kriegsbeute und Vorliebe für seine kindliche Lieblingsfrau Aischa angesehen wird.

Die Gewalt ist im Islam nicht nur einer islamistischen Minderheit zuzuordnen, sondern ist wesentlicher Bestandteil der islamischen Lehre, der islamischen Geschichte und des Lebens Mohammeds.

Bis zur Gegenwehr durch die nicht zu rechtfertigenden Kreuzzüge, wurden Arabien, das christliche Syrien, Mesopotamien, Jerusalem, Ägypten, Nordafrika, Persien, Indien und Südeuropa grausam geplündert und versklavt. Danach wurden Byzanz, Konstantinopel, die Balkanstaaten und Ungarn erobert und erst im 17. Jhdt. wurde der Islam vor Wien entscheidend geschwächt. Hierauf folgte der Völkermord an Assyrer, Armenier, Griechen und Zyprioten und danach verlagerten sich die Gräuel nach Asien.

Trotzdem glauben die meisten Menschen bei uns, der Islam war und ist nicht so brutal, wie das Christentum, und Islam bedeutet „Frieden".

Wenn die gemäßigten und reformerischen Muslime zu ihren Ursprüngen zurückkehren, stoßen sie auf den kriegerischen, expansiven Islam von Medina, die Legitimierung des Tötens zur Ehre Allahs und auf einen gewalttätigen Mohammed. Beim Islam führt Rückbesinnung auf die Wurzeln zum **Islamischen Staat** und **Schächten von Menschen** - nach dem Vorbild Mohammeds!

Das Morden wird durch den Islam religiös pseudo-ethisch gerechtfertigt, und das ist der entscheidende Punkt: Für den Islam sind Nichtmuslime keine vollwertigen Menschen.

Unter christlichem Einfluss im Westen versuchen die Muslime verschämt Glaubensinhalte des Korans zu verheimlichen und zu verniedlichen. Sie betonen den Vorislam in Mekka, wissen aber genau, dass der letzte Wille Mohammeds der Vollislam in Medina war. Wie im Christentum, wo das Neue Testament, die Gnade und Liebe, das Alte Testament, die Gesetzlichkeit, ablöst, so heben im Islam die Offenbarungen in Medina die früheren aus Mekka auf. Nur wird hier Toleranz durch Kampf und Mord ersetzt. In der islamischen Rechtsprechung wird für den Vorzug der Verse aus Medina die Sure 2, Vers 106 und der Begriff **Abrogation** verwendet.

Es gibt viele friedliebende Muslime. Aber die politischen Weichen werden und wurden von den fanatischen Muslimen gestellt, weil sie durch Mohammeds Offenbarungen im Koran bestätigt werden. Daher werden in islamischen Staaten Terroristen verehrt und geschätzt, beziehungsweise zu Märtyrern erkoren. Der Vollislam mit Scharia, Jihad und allen anderen Gräueln wird dort nie in Frage gestellt. Der IS im Irak und in Syrien handelt exakt nach dem Vorbild Mohammeds und erfüllt seinen Auftrag. Indirekt werden durch die bedingungslose Anerkennung des Korans die Islamisten legitimiert.

Der Islam hat die christlichen Begriffe „Fundamentalist" und „Märtyrer" total pervertiert und ins Gegenteil verdreht. Ein Christ steht auf dem Fundament Jesu, auf dem Fundament der Liebe. Er liebt sogar seine Feinde. Die neue Bedeutung, ein „Gotteskrieger", der im Jihad auch unschuldige Frauen und Kinder tötet, ist zur ursprünglichen Bedeutung völlig konträr.
Unter einem christlichen Märtyrer wird ein Mensch verstanden, der sich eher selber töten lässt, bevor er seinen Glauben an Jesus Christus verleugnet. Durch den Einfluss des Islam wird jetzt ein Selbstmordattentäter als Märtyrer verstanden, der unschuldige Menschen ermordet.

Im christlichen Kulturkreis steht zumindest das Bemühen, in Wahrheit zu leben, an oberster Stelle. Im Gegensatz dazu wird in islamischen Ländern die Ehre des Menschen zu wahren als höchste Tugend angesehen, der alles untergeordnet ist, auch die Wahrheit. Hier wird die Lüge sogar zur Tugend. So ist es auch zu verstehen, warum von Muslimen die negativen Eigenschaften ihres Propheten, die sie uns selbst überliefern und die ihnen daher bekannt sind, negiert werden.

Der **Gegensatz von Vorislam und Vollislam** wird seit über 1000 Jahren erfolgreich eingesetzt. Mohammed hat ihn im Koran niedergeschrieben und im mehrstufigen Jihad vorgelebt. Seitdem wird er weltweit erfolgreich praktiziert. Zuerst bereiten die liebenswürdigen und toleranten Muslime das Feld vor. Dann beginnt die logistische Vorbereitung des Kampfes, und wenn Aussicht auf Erfolg besteht, wird zugeschlagen, um das Haus des Islam, wie es im Iran, Sudan, Pakistan usw. verwirklicht ist, über die ganze Welt zu verbreiten. (Mark A. Gabriel, ehemaliger Professor an der Al-Azhar-Universität in Kairo, Islam und Terrorismus)

Die katholische Kirche hat unter den Päpsten im Laufe der Zeit viele Millionen Menschen auf dem Gewissen. Unter dem Islam wurden in kürzerer Zeit mehr Menschen im Namen Allahs bestialisch ermordet.
Wenn sogenannte Christen früher mordeten, dann taten sie es immer entgegen den Anweisungen ihres Gottes. Im Neuen Testament, dem Buch der Christen, sagt Jesus: „Liebet eure Feinde". Wenn sich die religiösen Christen auf ihre Ursprünge besinnen, dann sind wir beim Märtyrertum der apostolischen Zeit. „Märtyrer" ist jedoch nicht mit der neuen Sinngebung durch den Islam zu verwechseln.
Wenn sogenannte Muslimische Märtyrer heute morden, tun sie es immer auf Grund der Anweisung ihres Gottes.
Trotzdem behaupten noch immer viele mutwillig, Christen und Muslime hätten den gleichen Gott und die gleiche Quelle, **Gott** und **Allah** seien nur zwei verschiedene Namen für den gleichen Gott.
Wer das behauptet, bestätigt, dass er noch nie persönlich in der Bibel und im Koran gelesen hat. Selbst bei oberflächlicher Betrachtung beider Bücher erkennt man sofort, dass hier zwei grundverschiedene Glaubenssysteme und Götter vorliegen.

Kreuzzüge entsprachen weder dem Wesen Christi, noch waren sie sein Auftrag. Sie waren aber entgegen der üblichen Meinung eine Verteidigungsreaktion auf die islamische Aggression, kein unprovozierter Übergriff. Dem ersten Kreuzzug war ein Hilferuf des byzantinischen Kaisers Alexios I. Komnenos um militärische Unterstützung gegen die Seldschuken vorausgegangen. Dies löste 1095 den Aufruf des Papst Urban II. aus, der zur Befreiung Jerusalems und des „Heiligen Landes" aus der Hand der Mohammedaner aufforderte, die die Grabeskirche, eines der größten Heiligtümer des Christentums, zerstört hatten und christliche Pilger im Heiligen Land ermordeten.
Unbestritten ist, dass Jerusalem, Damaskus, Antiochia, ... als Wiege des Christentums gelten und die ursprüngliche Mehrheitsbevölkerung

durch Gewaltausübung zur verschwindenden Minderheit geschrumpft ist und jetzt kurz vor der Ausrottung steht.

Heute werden über 100 Mio. Christen in islamischen Staaten systematisch verfolgt, gedemütigt und teilweise ermordet. In der westlichen Welt gibt es nirgends solche Zustände. Trotzdem gelingt es den Muslimen mit Hilfe der Ökosozialisten und Gutmenschen die berechtigte Kritik am Islam als Islamophobie zu unterbinden, die Meinungsfreiheit zu untergraben und die wirkliche Verfolgung der Christen nicht abzustellen. Friedliche wie gewaltbereite Moslems beziehen ihre Legitimation aus dem gleichen Koran und den überlieferten Taten Mohammeds. Seine Regeln werden sogar aus Angst von Nichtmuslimen befolgt: Er darf nicht kritisiert oder gezeichnet werden.

Muslime verherrlichen noch heute ihre Kriegszüge. Der neue „Möchtegernsultan" Erdogan hat 2015 bei einer Wahlveranstaltung seinem Allah öffentlich für die Eroberung Konstantinopels vor über 500 Jahren gedankt. Schön wäre es, wenn auch die Muslime ihre Geschichte mit den unbeschreiblichen Gräueln aufarbeiten würden.
Aber Kriege und Raubzüge waren der Grundauftrag Mohammeds, den er gelebt und weitergegeben hat. Im Islam werden Andersgläubige aufgrund der Aussagen des Korans umgebracht.
Daher ist es schwer zu verstehen, dass Linksliberale und Ökosozialisten Verteidiger und Komplizen des Islam mit seinen antidemokratischen, frauenfeindlichen, gewalttätigen, intoleranten und rassistischen Aussagen im Koran sind:

gewalttätig
4.76 Diejenigen, die gläubig sind, kämpfen (mit Waffen) für Allah
9.41 kämpft mit eurem Gut und Blut

mörderisch
2.191 ... tötet die Götzendiener, wo immer ihr auf sie stoßt
5.33 ... tötet oder kreuzigt die, welche gegen den Gesandten ...
4.74, gegen Ungläubige zu kämpfen, 2.216 u.217, 5.35, 8.39, 8.57, 9.41, 9.29, 9.123, 47.4, 47.8, 47.35, ...

4.89, 8.12, 8.17, 9.5, 9.111 … Ungläubige zu töten wird im Koran ausdrücklich gefordert.

frauenfeindlich
4.34 schlagt die Frauen (züchtigt sie)
33.50 Frauen sind eine Kriegsbeute (Sexsklavinnen)

rassistisch
5.60 Ungläubige sind Affen und Schweine
98.6 die schlechtesten der Geschöpfe

nicht integrierbar
3.118 nehmt keine Freunde außerhalb eurer Gemeinschaft

Wie die toleranten Muslime die Aussagen des Korans über: Scharia, Gottesstaat, Jihad, Ungläubige kreuzigen, Kopf abschlagen, töten, Frauen schlagen, steinigen, Hände abhacken usw. aus dem Koran unverfänglich definieren, ohne die unveränderbare, ewige Gültigkeit und Heiligkeit des Buches infrage zu stellen, ist mir ein Rätsel.
Sie sind daher ein Teil des Problems, weil sie nur versuchen, die mörderischen Aussagen des Korans zu verniedlichen und das schreckliche Vorbild Mohammeds schönzureden. Damit bestätigen sie aber indirekt die radikalen Muslime.

Immer wieder wird versucht, die mörderischen Aussagen im Koran durch gewalttätige Stellen im Alten Testament zu relativieren. Dabei wird eine wichtige Tatsache bewusst verschwiegen: Die Bibel wird als das Wort Gottes, inspiriert durch den Heiligen Geist, interpretiert durch den Menschen, in der Tradition der damaligen Zeit bezeichnet. Alte Traditionen müssen aber nicht eingehalten werden und das AT gibt die Glaubensinhalte des Judentums wieder. Das Neue Testament ist die Grundlage für das Christentum. Der zentrale Punkt ist: wer kann für die heutige Gesellschaft ein positives Vorbild sein, der Islam mit Mohammed oder Jesus mit seiner Lehre?
Christentum und Neues Testament weisen von Anfang an konsequent pazifistische Grundzüge auf. Was die kath. Kirche und die Päpste dar-

aus gemacht haben, hat mit Christentum nichts zu tun und ist schon längst korrigiert.

Vom Koran wird behauptet, die wortwörtliche Aussage Allahs zu sein. Er kann nicht umgedeutet oder verändert werden und ist absolut fehlerfrei, ewig gültig. Die Gewalt und Intoleranz des Korans sind im islamischen Recht standardisiert worden und gelten für alle Zeiten.

Die meisten der 1,4 Mrd. Muslime sind liebenswürdige Menschen, die ihren strengen, despotischen Götzen fürchten und versuchen ihn zufrieden zu stellen. Diesen armen Menschen muss geholfen werden. Wir müssen sie als Menschen lieben und annehmen. Aber ihre Religion kann nicht akzeptiert werden.

Nicht die vielen liebenswürdigen Muslime sind das Problem, sondern der Koran mit den gewalttätigen, menschenverachtenden, mörderischen Aussagen.

Es ist ein großer Irrtum zu glauben, der Islam wird mit der Zeit eine humane Form annehmen. Da müssten viele Stellen im Koran gestrichen werden.

Jeder sollte den Koran lesen!

Allah spricht im Koran absolut, unfehlbar und übernatürlich. Er ist die wörtliche, für alle Zeiten unveränderbare Offenbarung Allahs und entzieht sich jeder Reform. Sein Wort gilt ewig und überall.

Nachstehend einige Verse aus dem Koran:

„Wahrlich, schlimmer als das Vieh sind bei Allah jene, die ungläubig sind und nicht glauben werden."
        Der heilige Koran, Sure 8, Vers 55

„Und kämpft gegen sie, damit keine Verführung mehr stattfinden kann und kämpft, bis sämtliche Verehrung auf Allah allein gerichtet ist."
        Der heilige Koran, Sure 8, Vers 39

„Zu kämpfen ist euch vorgeschrieben, auch wenn es euch widerwärtig ist. Denn es mag sein, dass euch etwas widerwärtig ist, was gut für euch ist, und es mag sein, dass euch etwas lieb ist, was übel für euch ist. Und Allah weiß es, doch ihr wisst es nicht."
Der heilige Koran, Sure 2, Vers 216

„Mohammed ist der Gesandte Allahs. Und die, die mit ihm sind, sind hart gegen die Ungläubigen, doch barmherzig zueinander."
Der heilige Koran, Sure 48, Vers 29

„Erschlaget die Götzendiener, wo ihr sie findet, und packet sie und belagert sie und lauert ihnen in jedem Hinterhalt auf. So sie jedoch bereuen und das Gebet verrichten und die Armensteuer zahlen, so lasst sie ihres Weges ziehen. Siehe, Allah ist verzeihend und barmherzig."
Der heilige Koran, Sure 9, Vers 5

„Und wenn welche von euren Frauen Unziemliches begehen, dann ruft vier von euch als Zeugen gegen sie auf; bezeugen sie es, dann schließet sie in die Häuser ein, bis der Tod sie ereilt oder Allah ihnen einen Ausweg eröffnet."
Der heilige Koran, Sure 4, Vers 15

Ehe bedeutet im Arabischen gleichzeitig „Beischlaf" und ist im Islam ein Mittel, um die islamische Weltgemeinschaft durch Zeugung vieler Nachkommen zu stärken. Die Folge ist die Zerstörung ihres Lebensraumes durch Überbevölkerung, Expansion und Export ihres Chaos in ferne Länder. Ihr beschränkter Allah beherrscht nicht einmal die Grundrechnungsarten und gewährt jedem Mann vier Frauen und so viele Nebenfrauen wie er will. Ehelosigkeit ist im Islam verboten, aber Allah schafft nur eine Frau pro Mann. Durch die Einwanderung unverheirateter Araber kommen in Schweden bereits auf 100 Frauen 126 Männer.

Würden sich meine Kinder fünf Mal am Tag vor mir niederwerfen und mit mir nur in auswendig gelernten Versen kommunizieren, wäre ich nicht glücklich, sondern würde schnell einen Arzt holen. Warum Allah so beschränkt ist und nur Altarabisch versteht, ist ebenfalls ein Rätsel.

Gott möchte nicht, dass sich Menschen zu seinen Sklaven entwickeln, sondern zu seinen würdigen Söhnen.

Wie die Juden berufen sich Muslime auf Abraham als ihren Vater. Nur Jesus Christus sagte in **Joh.8.44: Ihr habt den Teufel zum Vater und was euer Vater begehrt, wollt ihr tun. Der ist ein Menschenmörder von Anfang an und steht nicht in der Wahrheit.**
Laut Bibel stammte Abraham aus der Stadt Ur in Caldäa, wo der Mondgott Nanna mit der Mondsichel als Symbol verehrt wurde. Abraham wurde von Gott aus diesem Kult herausgeführt, hinter dem sich offensichtlich der gleiche Geist verbarg, den Jesus Christus als Menschenmörder bezeichnete.

Eine Religion, die es als heiligste Handlung betrachtet, im Jihad Juden, Christen und Ungläubige zu ermorden, und nur dafür den Himmel mit 72 Jungfrauen garantiert, hat mit dem Gott der Liebe nichts gemeinsam, sondern kommt aus dem Geist Satans. Alles, was vom satanischen Geist kommt, ist nicht harmlos, und hier zu sagen: „Jeder soll nach seiner Fasson glücklich werden", ist gefährlich.
Wenn der ehemalige deutsche Bundespräsident und inzwischen schon mehrere bekannte Politiker meinten, der Islam gehöre zu Deutschland, kann darauf nur geantwortet werden, der Islam gehört nirgendwo hin. Hier sind nicht die Menschen gemeint, sondern die Religion, eigentlich der Geist, der dahinter steht.

Es ist der größte Hohn, wenn Muslime vom neuen Islamgesetz in Österreich eine Gleichbehandlung fordern. Denn Ungleiches kann nicht gleich behandelt werden. Der Islam ist die einzige Religionsgemeinschaft, die auch Staatsform und Gesetzgeber ist, mit all den weltweit sichtbaren Problemen. Es ist die Pflicht der Politiker, Schaden vom österreichischen Volk abzuwenden. Die scheinheilige Behauptung der Muslime, der Koran kann nicht übersetzt werden, ist nicht akzeptabel.

Der IS im Irak und Syrien ist keine Häresie, sondern handelt genau nach dem ständig wiederkehrenden Muster islamischer Expansion. Das Vorbild ist Mohammed selbst. Legitimationsgrundlage sind der Koran und das islamische Recht, die Scharia.

Sure 3.32 Allah liebt die Ungläubigen nicht
48.29 seid hart gegen die Ungläubigen
4.24 Frauen dürfen als Kriegsbeute vergewaltigt werden (33.50)
5.33 kreuzigt die, welche gegen Allah oder Mohammed kämpfen
9.5 tötet die Ungläubigen (später geoffenbarter Schwertvers)
9.29 kämpft gegen diejenigen aus dem Volk der Schrift
9.73 streitet gegen die Heuchler (liberale Muslime)
9.111 kämpft für Allahs Sache
47.35 ermattet nicht, damit ihr nicht nach Frieden rufen müsst
2.166 bedeutet „Abrogation", die friedlichen Verse sind aufgehoben

Der Koran entstand im Rahmen von Mohammeds Kriegs- und Raubzüge und enthält viele Anweisungen für den Krieg und Kampf gegen Nicht-muslime und das Töten der Ungläubigen.

Auch im Namen des christlichen Gottes sind viele Gräueltaten geschehen. Aber es gab immer eine Selbstreinigung, weil die Gründungsidee von Jesus Christus „Gebt dem Kaiser, was dem Kaiser gehört, und Gott, was Gott gehört" oder „Du sollst nicht töten" dazu auffordern.
Die christlichen Kirchen konnten für Prozesse der Selbstreinigung immer auf ihre Ursprünge zurückgreifen.

Der Islam müsste sich für solche Selbstreinigung – gerade umgekehrt – von seiner Gründungsidee distanzieren, sein politisch-religiöses Doppelwesen aufgeben und sich damit in seiner religiösen Substanz verändern. Solange das nicht geschieht, wird es immer nur eine Frage der konkreten politischen Konstellation sein, ob und in welcher Form er sein gewalttätiges Gesicht zeigt.

Besinnen sich Moslems auf ihren Ursprung, landen sie beim kriegerischen Islam, der Legitimierung des Tötens und einem gewalttätigen Mohammed und der Pflicht, im Jihad das Haus des Islam auf der ganzen Welt zu verbreiten. Es geht dabei nicht so sehr um religiöse Bekehrung der Nichtmuslime als um ihre Unterwerfung unter die Scharia.
In Sure 2.256 heißt es: „Es gibt keinen Zwang im Glauben." Glaube lässt sich eben nicht erzwingen, Unterwerfung unter das islamische Recht

aber sehr wohl. Sich diesem Zwang zu widersetzen, kann tödlich sein. Der Jihad kann zwar unterbrochen werden, wenn für weitere Expansion keine Erfolgsaussicht besteht. Das führte auch zu langen und oft friedlichen Perioden der Koexistenz.

Wenn sich sogenannte tolerante Muslime im Westen nicht eindeutig und aufrichtig von der gewalttätigen politischen Bewegung des Islam distanzieren, kann der Islam als Religion nicht akzeptiert werden.

In unserer westlichen Gesellschaften gibt es viele Muslime, die nichts vom Jihad wissen wollen. Aber auch sie sind anfällig für Radikalisierung – und zwar dann, wenn sie die Quellen ihrer Religion genauer studieren und angesichts der Erstarkung des radikalen Islam glauben, die Zeit der Waffenruhe könnte vorbei und Gewaltanwendung wieder Pflicht sein.

Der Inhalt von Sendungen über den Islam und die Muslime in den öffentlich-rechtlichen Medien ist teilweise empörend falsch und absolute Desinformation. Die Manipulation und Meinungsmache der Medien zu Gunsten des Islam, die uns täglich aufgezwungen wird, ist unerträglich. Solche Sendungen werden immer mehrheitlich mit Gästen besetzt, die uns erklären, dass der Islam eine durch und durch friedliche Religion sei, dass nur einige Extremisten den Koran falsch verstünden, falsch interpretierten oder für ihre terroristischen Zwecke missbrauchten. Mohammeds Taten werden, wenn sie überhaupt Erwähnung finden, gern als rein historisch bedingt erklärt, ohne Vorbildcharakter und Gültigkeit für die heutigen Muslime.
Ständig hören wir den Klassiker: „Der Islam ist die Religion des Friedens und der Barmherzigkeit"; „Islam" heißt „Frieden".

Es gibt keine Diskussion und keine Aufklärung darüber, warum es einerseits radikale gewaltbereite Islamisten und andererseits friedliche, westlich integrierte muslimische Mitbürger gibt, die sich beide auf denselben Glauben, denselben Koran und denselben Mohammed berufen.

Wann wird in den zivilisierten Ländern endlich der brutale Steinzeit-Islam nach saudi-arabischem Muster verboten, und dafür nur ein Re-

form-Islam, der sich von den mörderischen Aussagen des Korans distanziert, anerkannt? Auch die friedliebenden Muslime müssten so eine Erneuerung begrüßen.

Gott sei Dank, werden die allermeisten Muslime von ihrem humanen Gewissen geleitet und lesen und leben eine friedliche Auslegung des Korans. Sie versuchen mit Hilfe des Gesetzes ein gottgefälliges Leben durchzusetzen und streben einen Gottesstaat an, in dem Friede und Gerechtigkeit herrschen. Solche utopischen Vorstellungen versuchten die Kommunisten im Arbeiterparadies zu verwirklichen, die Nazis im 1000-jährigen Reich und die neue Weltordnung strebt ein ähnliches Ziel an. Alle scheiterten und werden scheitern, weil Gesetzlichkeit das Gegenteil von Liebe ist. In der Bibel sagt uns **1.Kor 13:** Das Höchste ist die Liebe und hätte ich keine Liebe, wäre alles nichts.
Die Weigerung der toleranten Muslime, uns eine verbindliche Übersetzung des Korans, ihres Gesetzbuches in Deutsch vorzulegen ist nicht akzeptabel und ein Skandal. Die Behauptung, der Koran kann nicht übersetzt werden ist eine Schutzbehauptung und simple Heuchelei.

Es gibt einen **fundamentalen Unterschied** zwischen Jesus Christus und Mohammed, sowie zwischen Gott und Allah.

Der eine hat Blinden die Augen geöffnet, der andere hat offene Augen geblendet.
Der eine hat Tote auferweckt, der andere hat Lebende getötet.
Der eine hat einen Mann mit verdorrter Hand geheilt, der andere hat Hände und Füße wechselseitig abgehackt.
Der eine hat eine gekrümmte frau aufgerichtet, der andere hat eine Frau in zwei Teile reißen lassen.
Der eine hat seinen Feinden vergeben, der andere hat seine Feinde geschlachtet.
Der eine heilte die Kranken, der andere ermordete die Gesunden.
Der eine brachte Liebe, der andere Hass und Gewalt.
Der eine lebt in Ewigkeit, der andere hat ewigen Tod verdient.

Was wird die Zukunft bringen?

In Sure 4.171 wird Jesus als das Wort Gottes und als Messias bezeichnet. Laut Sure 5.110 heilt Jesus Blinde und Aussätzige und weckt Tote auf. Mohammed kann diese Eigenschaften nicht vorweisen. Er hatte auch, nicht wie Jesus, einen natürlichen Vater. Trotzdem gilt es derzeit als größtes Ärgernis, in Jesus etwas Größeres zu sehen als in Mohammed. Aber Muslime werden Christus als ihren Erlöser erkennen.
Gott liebt jeden Menschen gleich, ob Araber, Israeli oder aus sonst einer Nation. Die Welt und der Teufel wollen keinen Beweis, dass es den Gott Israels gibt und dass die Bibel recht hat. Daher gibt es den weltweiten Antisemitismus und den Islam. Sie wollen verhindern, dass die Juden ihre Städte wieder aufbauen und die Wüste begrünen, wie es in der Bibel seit 3000 Jahren vorhergesagt ist.

Die Bibel prophezeit uns aber auch, dass der Friede zwischen Esau und Jakob kommen wird. **Jes 19.21 Der Herr wird sich den Ägyptern offenbaren und die Ägypter werden an jenem Tag den Herrn erkennen.**
Jer 49.38 Ich stelle meinen Thron in Elam (Iran) auf und vernichte dort König und Fürsten.

Trotz und auch wegen des IS finden immer mehr Araber zu Christus. Die arabischen Christen erkennen dann: Der jüdische Messias hat uns frei gemacht. Die Muslime sind Muslime, weil sie Angst haben, das Leben zu verlieren. Aber nur Jesus Christus kann die Wunden der Ablehnung heilen, und nur die Liebe treibt die Angst aus.

Es gibt In Israel schon gemeinsame Gebetskreise von ehemaligen Muslimen und den Messianischen (christlichen) Juden, die Jesus nachfolgen. Arabische Christen, die Jesus lieben, lieben sogar Juden, obwohl ihnen ein tiefer Hass gegen die Juden schon als Kinder anerzogen wurde. Wenn Araber Juden lieben, dann wissen die Juden nicht mehr, wie sie reagieren sollen. Diese arabischen Christen werden die orthodoxen Juden für Jesus Christus gewinnen.
Ewiges, göttliches Leben in der Fülle gibt es nur, wenn wir erkennen, dass Jesus Christus Gott ist.

Katholische Kirche

Der christliche Glaube verbreitete sich sehr schnell in Liebe und durch Erweis von Kraft und Wundern über die ganze damalige Welt. Satan konnte den Leib Christi trotz aufkommender Streitigkeiten in den Lehrmeinungen im 2. und 3. Jhdt. durch Verfolgung nicht überwinden.

Die Römer tolerierten alle Götter, auch den christlichen Gott. Sie meinten, die Götter garantieren einen reibungslosen Staatsbetrieb. Daher war es Pflicht jedes Römers, zu opfern und vom Opfer zu kosten. Der Staat stellte dann Opferquittierungen aus. Wer nicht opferte, handelte antirömisch und asozial. Christen verweigerten das Opfer, weil Christus das vollkommene Opfer war. Jedes andere Opfer bedeutete für sie einen Bruch des Neuen Bundes. Daher wurden Christen aufs Schrecklichste verfolgt.

Das änderte sich nach der „Bekehrung" des römischen Kaisers Konstantin. Er „legalisierte" das Christentum im Mailänder Toleranzedikt im Jahre 313 n. Chr. Später, im Jahr 325, rief Konstantin das Konzil von Nicäa zusammen. Er stellte sich das Christentum als eine Religion vor, die das römische Reich vereinigen könnte, das zu jener Zeit begonnen hatte zu zerbröckeln und sich zu teilen.

Konstantin erkannte, dass bei der gewaltigen Ausdehnung des römischen Reichs und der Vielfalt der Glaubensrichtungen nicht jeder seinen religiösen Glauben aufgeben und stattdessen das Christentum annehmen würde. Also hat Konstantin die „Christianisierung" des heidnischen Glaubens befürwortet. Heidnischen und absolut unbiblischen Glaubensvorstellungen wurde eine neue „christliche" Identität gegeben.
Bei der konstantinischen Wende übernahm die katholische Kirche vom alten Heidentum so ziemlich alles, was falsch und böse war, und vermischte es untrennbar mit christlichem Glaubensgut.

Nachfolgend einige Beispiele:

1. Der **Mithraskult** war bei den Römern sehr beliebt, speziell unter den römischen Soldaten. Eines der wichtigsten Merkmale des Mithraskultes war das Opfermahl, das Essen von Fleisch und das Trinken vom Blut eines Stieres. Mithras, der Gott des Mithraskultes, war gegenwärtig im Fleisch und Blut des Stieres und garantierte die Erlösung für jene, die am Opfermahl teilnahmen (Theophagie = „Gott-Essen"). Der Mithraskult hatte auch sieben „Sakramente", was die Ähnlichkeiten zwischen dem Mithraskult und dem Katholizismus zeigt. Konstantin und seine Nachfolger fanden einen einfachen Ersatz für das Opfermahl des Mithraskultes im Konzept des Abendmahles, der Kommunion.

Bedauerlicherweise hatten schon einige der frühen Christen damit begonnen, dem Abendmahl eine mystische Bedeutung anzuhängen, die das biblische Konzept einer einfachen, verehrenden Erinnerung an den Tod Christi und sein vergossenes Blut verwirft. Die Romanisierung des Abendmahles machte den Übergang zu einem opfernden Konsum von Jesus Christus, heute bekannt als die katholische Messe (**Eucharistie**, Messopfer), komplett.

2. Der Kult der **Isis**, eine ägyptische Mutter-Gottes Religion, wurde in das Christentum aufgenommen, indem man Isis durch Maria austauschte. Viele der Titel, die für Isis verwendet wurden, wie „Himmelskönigin", „Muttergottes", und „theotokos" (Gottesgebärerin) wurden Maria gegeben. Maria wurde eine verherrlichende Rolle im christlichen Glauben verliehen, die in der Bibel nicht zu finden ist. Isisverehrer sollten so zu einem Glauben überführt werden, den sie sonst nicht angenommen hätten. Tatsächlich wurden viele Isis-Tempel in Tempel für Maria umgewandelt und ihr gewidmet. Die ersten klaren Hinweise auf die Marienverehrung kommen in den Schriften des Origenes vor, der in Alexandria, Ägypten gelebt hat, wo sich das Zentrum der Isisverehrung befand.

3. Die meisten römischen Kaiser (und Bürger) glaubten an die Existenz mehrerer Götter, aber betrachteten einen bestimmten Gott als Höchsten, der über die anderen Götter erhoben war. So führte z. B. der römische Gott Jupiter als Höchster den römischen **Pantheon der Götter**

an. Römische Soldaten waren oftmals Verehrer des Neptun, des Mee-
resgottes. Als die katholische Kirche das römische Heidentum aufnahm,
hat es einfach das Pantheon der Götter mit den Heiligen ersetzt. So wie
das römische Pantheon der Götter einen Gott der Liebe, einen Gott des
Friedens, einen Kriegsgott, einen Gott der Stärke, einen Gott der Weisheit usw. hatte, hat die katholische Kirche einen Heiligen eigesetzt, der
der Führer über alles Mögliche ist. So wie viele römische Städte einen
Gott spezifisch für die Stadt hatten, hat die katholische Kirche „Schutz-
heilige" für die Städte geschaffen.

4. Die Vorherrschaft des römischen Bischofs, das **Papsttum**, wurde mit
Unterstützung des römischen Kaisers geschaffen. Konstantin und seine
Nachfolger gaben dem Bischof von Rom als höchstem Herrscher der
Kirche ihre Unterstützung. Für die Einheit des römischen Reiches war
es das Beste, Regierung und Staatsreligion am selben Ort zu konzent-
rieren. Während sich die meisten anderen Bischöfe (und Christen) der
Idee des römischen Bischofs als Oberhaupt widersetzten, stieg der rö-
mische Bischof infolge der Macht und des Einflusses der römischen
Kaiser letzten Endes zum Oberhaupt auf. Als das römische Reich zu-
sammenbrach, übernahmen die Päpste den Titel, der bislang den römi-
schen Kaisern gehört hatte – Pontifex Maximus (oberster Brückenbauer
= Verbindung zum Himmel) - und anderes:
- Er ließ sich als Gott verehren und galt als Stellvertreter Gottes auf
  Erden.
- Verehrung durch Kniefall und Handringkuss
- Er schritt an bestimmten Tagen unter einem Baldachin zum Altar.
- Verlangte absoluten Gehorsam und verfolgte alle, die ihm den
  Gehorsam verweigerten.

Die Kirche übernahm auch die **Gräuelfeste und Prozessionen** der
Heiden (Weihnachten: Aus der Geburt der Sonne wurde die Geburt
Jesu Christi, Ostern, Allerheiligen...) und gab ihnen einen anderen Namen und eine andere Deutung. Die wenigsten wissen, dass die röm.-
katholische Kirche das 2. Gebot Gottes nach **2.Mose 20.1-17** gestrichen
hat und aus dem 10. Gebot zwei Gebote machte. Daniel sagte schon ca.
600 v.Chr. in **Dan 7.25** voraus, dass das endzeitliche Tier (Herrscher)
Festzeiten und das Gesetz ändern wird.

Es könnten viele weitere Beispiele genannt werden. Dies sollte aber ausreichen, um den wahren Ursprung der katholischen Kirche zu demonstrieren.

Die Kirche wurde nicht nur eine Staatskirche, was Jesus nie wollte sondern auch ein Kirchenstaat, der seine diplomatischen Beziehungen zu vielen Staaten hat, und sie bekommt die Züge der Hure Babylon, der Mutter der Huren, die auf dem Tier (Staatsmacht) und an vielen Wassern (Völkermeer) sitzt, mit der die Könige der Erde Unzucht (geistliche) getrieben haben (**Offb17.1-18**). Deshalb ermahnt uns der Herr in **Offb 18.4-5: Geht hinaus aus ihr, mein Volk, damit ihr nicht ihrer Sünden teilhaftig werdet und damit ihr nicht von ihren Plagen empfangt! Denn ihre Sünden reichen bis zum Himmel, und Gott hat ihrer Ungerechtigkeit gedacht.** Satan kam damit in die Kirche hinein. Der Leib Christi wurde von einem Organismus zu einer Organisation. Die Verfolgten wurden zum Verfolger.

Petrus wusste nicht, dass er der erste Papst war, obwohl sich die katholische Kirche immer auf **Mt 16.18** beruft, wo Jesus sagte: **Du bist Petros** (Baustein) **und auf Petra** (gewachsener Fels) **werde ich meine Kirche bauen.** In der Bibel wird nur Jesus als das Fundament, der Fels, bezeichnet. Einige Zeilen später kann man lesen: **Mt 16.23 Jesus wandte sich um und sage zu Petrus: Weg mit dir, Satan, geh mir aus den Augen! Du willst mich zu Fall bringen; denn du hast nicht das im Sinn, was Gott will, sondern was die Menschen wollen.** Und dieser Satan ist jetzt der unfehlbare Führer der katholischen Kirche.

Ab dem 4. Jahrhundert hat man so manche Schwierigkeit, in der katholischen Kirche die Gemeinde der apostolischen Zeit wiederzuerkennen.

Während es scheint, dass die konstantinische Wende eine positive Entwicklung für die christliche Kirche gewesen ist, waren die Ergebnisse alles andere als positiv. So wie sich Konstantin weigerte, den christlichen Glauben völlig anzunehmen, sondern weiterhin viele seiner heidnischen Glaubenspraktiken ausübte, war die christliche Kirche, die Konstantin förderte, eine Mixtur aus Christentum und römischem Heidentum. Die konstantinische Wende brachte den Niedergang des Christentums und führte ins finstere Mittelalter. 325 n. Chr., das Konzil von Nicäa, war der Auftakt dazu.

Das Papsttum des Mittelalters ist ohnehin jedem bekannt.

Ein oberflächliches Durchlesen des Neuen Testamentes zeigt schon, dass die katholische Kirche ihren Ursprung nicht in der Lehre Jesu und in seinen Aposteln hat. Im Neuen Testament werden nirgends erwähnt: Papsttum, Marienanbetung und -verehrung (die reine Empfängnis Marias, die immerwährende Jungfräulichkeit der Maria, die Anbetung der Maria oder Maria als Miterlöserin und Mittlerin), Heiligenverehrung, die Heiligen im Himmel um ihre Gebete bitten, apostolische Erbfolge, Sakramente, Säuglingstaufe, Sünden einem Priester zu beichten, Fegefeuer, Sündenablass, oder die gleichrangige Autorität von Kirchentradition und Heiliger Schrift.

Natürlich leugnet die katholische Kirche den heidnischen Ursprung ihres Glaubens. Sie verbirgt ihren heidnischen Glauben unter Schichten komplizierter Theologie. Sie entschuldigt und leugnet ihre heidnischen Praktiken unter der Maske von „Kirchentraditionen". Die Erkenntnis, dass viele ihrer Vorstellungen und Praktiken der Heiligen Schrift völlig fremd sind, zwingt die katholische Kirche, die Autorität und Zulänglichkeit der Schrift abzulehnen.

Der Ursprung der katholischen Kirche ist der tragische Kompromiss des Christentums mit den heidnischen Religionen, von denen es umgeben war. Anstatt das Evangelium zu verkünden und die Heiden zu bekehren, hat die katholische Kirche die heidnischen Religionen „christianisiert" und das Christentum mit dem Heidentum vermischt. Die katholische Kirche machte sich selbst für den Menschen im römischen Reich attraktiv, indem die Unterschiede verwischt und die Besonderheiten ausradiert wurden. Ein Ergebnis war, dass die katholische Kirche für Jahrhunderte zur Hauptreligion der „römischen Welt" wurde. Die andere Seite war jedoch die höchst dominante Form des Abfalls des Christentums vom wahren Evangelium Jesu Christi und der Verkündigung des Wortes Gottes.
Auch heute möchte sich die katholische Kirche dem Zeitgeist anpassen und mit dem Islam Ökumene betreiben.

2.Tim 4.3-4 Denn es wird eine Zeit sein, da sie die gesunde Lehre nicht ertragen, sondern nach ihren eigenen Lüsten sich selbst Lehrer aufhäufen werden, weil es ihnen in den Ohren kitzelt; sie werden die Ohren von der Wahrheit abkehren und sich zu den Fabeln hinwenden.

Römisch-katholische Christen nehmen heute noch im Gottesdienst vom Altar die Hostie (Opfer) und meinen, dass sie so den neuen Herrn (Kyrios) aufnehmen, wie sie zuvor im Apollotempel ein Stückchen Opferfleisch aßen, um so die Gottheit des Apollo aufzunehmen, was sie Kommunion (Vereinigung) nannten. Jetzt ist ebenfalls der Empfang der Hostie die Kommunion.
Sie haben bisher die Göttin Isis mit dem kleinen Gottessohn Horus am linken Arm verehrt und nun stellen sie genauso die neue Gottesmutter Maria mit dem Jesuskind dar.

Luther entdeckte wieder apostolisches Gedankengut, gab dem Volk die Bibel und beendete damit das finstere Mittelalter. Satan wütete darauf mit blindem Zorn und vernichtete halb Europa, konnte aber nicht verhindern, dass seitdem immer mehr Offenbarung aus der Bibel kommt.
Die katholische Kirche kann seit der Aufklärung nicht mehr mit Mord und Totschlag Verfolgung betreiben, sondern nur mehr subtil. Derzeit ist ihre effektivste Waffe die Sektenkeule, obwohl die katholische Kirche alle klassischen Merkmale einer Sekte aufweist, und nicht den Glauben Gottes.
Der Unterschied zwischen Kirche und Sekte ist klar erkennbar.

A) Klassische Merkmale einer Sekte:
- Ein autoritärer Führer statt der Leitung durch den Heiligen Geist.
  („Ekklesia" = Kirche = sollte durch den Heiligen Geist geführt werden)
- Traditionen, Rituale, Liturgie und Katechismus werden höher gestellt als das Wort Gottes in der Bibel.
- Dem Evangelium wird etwas hinzugefügt (Zusatzoffenbarungen) oder etwas weggenommen.
- Menschen werden auf ein Podest gestellt (Maria oder der Papst).
- Rückzug in Klöster
- Gesetzlichkeit und Werksgerechtigkeit werden gelehrt.

- Elitäres Denken, der Klerus wird über die Laien gestellt.
- Kontrolle der Menschen durch Beichte oder Kirchensteuer.
- Betonung äußerer Symbole und Dinge wie Kreuz, Brot und Wein und sakramentale Handlungen

  B) Klassische Merkmale der „Ekklesia" (Kirche oder Versammlung der an Jesus Christus Glaubenden):
- Der Heilige Geist ist ihr Leiter und Führer.
- Bedingungslose Liebe, Gnade und Freiheit werden gelehrt.
- Nur der Glaube im Herzen zählt.
- Die Welt mit dem Evangelium erreichen.

Wenn Menschen von einem starken religiösen Geist überwältigt werden, identifizieren sie sich mit den absonderlichsten Glaubensinhalten von Sekten und Religionen.

Damit gelingt es Satan den ursprünglich positiven biblischen Begriff Sekte ins Lächerliche zu zerren. Oder die Menschen werden wissenschaftsgläubig, obwohl Gott in der Bibel sagt: Die Weisheit dieser Welt ist Torheit in den Augen Gottes.

Der Leib Christi wurde von Beginn an von der Amtskirche bis aufs Blut verfolgt. Trotzdem haben Montanisten, Katharer, Paulizianer, Bogomilen, Nestorianer, Albigenser, Waldenser, Begarden, die Brüder, Wycliff, Huss, Luther, Meno, Wesley und viele andere das Evangelium unverfälscht weitergegeben. Die katholische Kirche ließ von diesen treuen Nachfolgern Jesu Christi viele Millionen als Häretiker bestialisch ermorden. Die sogenannte „Christianisierung" der Indianer, Afrikaner und anderer Völker forderte einen noch höheren Blutzoll.
Die wenigsten wissen, dass die Verfolgung der Christen in den ersten drei Jahrhunderten unter dem Römischen Reich bei weitem nicht so schlimm war wie die Verfolgung unter der römisch-katholischen Staatskirche.
Nachdem Luther dem einfachen Volk die Bibel zugänglich machte, verbietet 1559 Papst Paul IV. den Besitz von Bibeln in den Volkssprachen.

Solche Übersetzungen wurden konfisziert und verbrannt — nicht selten samt ihren Besitzern.

Leo XIII. bestimmte 1897, dass Bibelübersetzungen in einer Volkssprache dann erlaubt sein sollten, „wenn sie die Gutheißung des Apostolischen Stuhles haben" oder unter Aufsicht der Bischöfe herausgegeben wurden. Der Index verlor erst 1917 mit der Auflösung der Indexkongregation an Bedeutung und wurde 1966 ganz abgeschafft.

Für die katholische Kirche ist die Betonung der Neugeburt unseres Geistes, die erst durch das Erlösungswerk Jesu Christi möglich wurde und das zentrale Anliegen Gottes ist, Kennzeichen einer Sekte.

Der Begriff Geist wurde als Seele umgedeutet und Geist als Intellekt verstanden. Glaube wurde zur Theologie des Verstandes. Seelsorge, Seelenheil, Seelenrettung wurde zentrales Anliegen der Kirche, obwohl unsere Erlösung die Erlösung von der Vorherrschaft der Seele und die Neugeburt unseres Geistes bedeutet.

Damit fällt die katholische Kirche unter das Niveau fernöstlicher Religionen, die noch ein Bewusstsein von Geist haben. Ein Yogi kann mit seinem entwickelten gefallenen menschlichen Geist übernatürliche Phänomene hervorbringen. Welches Potential hätte ein Katholik mit einem von Gott neu geborenen Geist! Seit 2000 Jahren versucht Satan mit allen Mitteln den Menschen dieses Potenzial vorzuenthalten. Dazu benutzt er auch die katholische Kirche mit ihrer Organisation und Struktur.

Wie Muslime klar erklären müssen, ob die Aussagen im Koran bezüglich der Tötung Ungläubiger, Behandlung der Frauen, Lügen usw. noch gelten, muss die katholische Kirche eindeutig Stellung beziehen, ob die Aussagen der Bibel wahr sind und akzeptiert werden müssen oder nicht. Ob Jesus alleine rettet und jedes Hinzufügen von Gesetzen, Selbsterlösung und Miterlösern wie Maria das Erlösungswerk Jesu Christi schmälert und Götzendienst bedeuten. Ob Gott im Tabernakel oder in der Stiftshütte zu finden ist, oder ob er nur mehr in den Menschen lebt, die ihn eingeladen und aufgenommen haben.

Die katholische Kirche gibt sich jetzt sehr modern. Kardinal Schönborn äußerte sich wertschätzend in der Tageszeitung Corriere della Sera über homosexuelle Beziehungen. Er freute sich auch über den Sieg von Thomas Neuwirth (alias Wurst), einen österreichischen Transvestiten, der zum Liebling der Europäer gekürt wurde. Die Kirche traut sich nicht die Wahrheit auszusprechen und diese armen Menschen vor dem perversen Geist zu schützen, der Lebensqualität raubt.

Ohne Gericht gibt es keine Gerechtigkeit. Die unangenehmen Begriffe wie Gericht, Strafe und Hölle will die Kirche immer mehr entfernen und verschweigt, das Jesus Christus unsere Strafe bezahlt hat, damit wir frei sein können, wenn wir dieses Erlösungswerk im Glauben annehmen.

Die katholische Kirche hat überall dort Probleme, wo die Praxis der Kirche nicht mit dem Wort Gottes übereinstimmt. Z.B. steht sogar in der katholischen Einheitsübersetzung im 1. Timotheusbrief und im Titusbrief, dass der Bischof nur einmal verheiratet und ein guter Familienvater sein soll, der seine Kinder ordentlich erzieht. **Gott möchte nur, dass seine Kinder Freude haben und ein glückliches Leben führen.** Religion und Kirche lebt noch immer im Alten Bund vor der Erlösung. Sie beräuchern den Altar und zelebrieren die Stiftshütte. Die Kirche legt den Menschen alte Gesetze auf, die nicht mehr existieren.

Katholiken und gesetzlich religiöse Christen kennen das Evangelium nicht. Sie glauben, die ganze Bibel sei das Evangelium. Selbst die Zeugen Jehovas, die angeblichen Bibelforscher, sagen immer nur stereotyp, es sei die Nachricht vom kommenden Reich Gottes.
Aber das Evangelium ist die Gut Nachricht, dass wir es in Christus geschafft haben, Kinder Gottes zu sein. Wir können jetzt schon durch die Führung des göttlichen Geistes in uns ein göttliches Leben führen. Wir brauchen uns nicht mehr von der Seele mit ihrem beschränkten Intellekt und den verführerischen Gefühlen leiten lassen.

Im Paradies war Himmel und Erde vereinigt, das Natürliche mit dem Übernatürlichen. Gott hauchte seinen Geist in die ersten Menschen hinein. Gott wandelte mit Adam. Durch den Eigensinn des Menschen ist etwas Trennendes entstanden. Gott musste nach dem Sündenfall das Natürliche vom Übernatürlichen trennen, sonst wäre Adam sofort tot umgefallen. **Röm 6.23 Denn der Lohn der Sünde ist der Tod.** Der Geist

Gottes wurde Adam entzogen. Die Seele musste die Führung des Menschen übernehmen und war dabei vollkommen überfordert. Die Menschheit ist in ihrer Trennung von Gott in eine Welt der Opfer gefallen. Die Frau musste unter Schmerzen gebären. Der Mann musste im Schweiße seines Angesichts sein Brot verdienen. Aus dem Ewigkeitskonzept ist der Mensch in die Bedrängnis aus Raum und Zeit und damit in die Sterblichkeit gefallen.

Aus diesem gefallenen, von Gott getrennten Zustand, wurden wir vor 2000 Jahren erlöst.

Es hat immer wieder Menschen gegeben, die sich für ein höheres Ziel umbringen haben lassen. Durch Jesus Christus ist aber etwas Wesentlicheres geschehen. Gott hat sich selber in Jesus Christus als endgültiges Opfer für uns Menschen hingegeben. Wir müssen seither nicht mehr opfern und können aus dem Opferdenken dieser Welt aussteigen. Das Übernatürliche, Gott, die bedingungslose Liebe, der gute Geist, ist wieder auf diesen Planeten gekommen und möchte jeden Menschen erfüllen und leiten.

Satan ist es gelungen, durch Religiosität, durch Konzentration auf äußere Taten, auf Rituale, Gesetze, Traditionen, unverständliche Liturgie, toll Gewänder, Maskerade, Floskeln usw., die geistige Wahrheit, das Evangelium, den Menschen vorzuenthalten. Aber der Geist in unserem Inneren ist das Wesentliche.

Das Evangelium, die Gute Nachricht, bedeutet, wessen Geist von Gott, von oben neu geboren ist, hat es geschafft. Er ist ein Kind Gottes. **Röm 10.9 denn wenn du mit deinem Mund bekennst: «Jesus ist der Herr» und in deinem Herzen glaubst: «Gott hat ihn von den Toten auferweckt», so wirst du gerettet werden.** Durch diesen Glauben wird die gefallene Natur des Menschen durch die neue Natur der Sohnschaft, der Natur Gottes ausgetauscht. **Gal 2.20 nicht mehr ich lebe, sondern Christus lebt in mir.** Gott lebt in mir. Das ist keine Gotteslästerung, sondern das Wort Gottes. Wer mich trifft, trifft Gott.
In Christus sind wir so wie Christus, wie Gott und der ist perfekt.

Mt 5.48 Darum sollt ihr vollkommen sein, wie euer Vater im Himmel vollkommen ist hat sich erfüllt. Gott hat in mein Inneres einen neuen, reinen, vollkommenen, heiligen, perfekten Geist gegeben. Das ist die größte Herausforderung für den äußeren Menschen. Er weiß nämlich, in dieser Welt gibt es keine Perfektion. „Nobody is perfect."

Weltlich geprägte Menschen können mit diesem Widerspruch besser umgehen als Religiöse. Sie versuchen trotz des Mangels das Beste aus dem Leben herauszuholen. Christlich religiös Geprägte kommen aber unter großen Druck, weil sie nur das Äußere sehen. Sie glauben arme Sünder zu sein, besser werden zu müssen, zu beichten, Buße zu tun. Sie haben Verdammnis, Angst, Minderwertigkeit, Selbstzweifel und formen ein Bild vom bösen strafenden Gott.

Aber alles, was christlich Religiöse glauben, gibt es bei Gott gar nicht. Gott sagt: Wenn ich Christus als meinen Herrn angenommen habe, ist die Sünde weggenommen und ich bin sein geliebtes Kind, gerecht und gesegnet. Gott lebt in mir. Er liebt mich bedingungslos und gibt mir seinen Geist. Er sagt nicht, Du musst brav sein und dich selber verändern.
Wenn Papst Franziskus sagt, die Kirche muss arm sein, wird er von der Welt beklatscht. Gott hat aber nie gewollt, dass wir arm, krank, schwach und leidend sind, sondern Christus ist gekommen, damit wir das Leben in der Fülle haben (**Joh 10.10**).

Irgendwer lügt, entweder Gott oder die christliche Religion. Darum sagt Jesus **Mt 23.13 Weh euch, ihr Schriftgelehrten und Pharisäer, ihr Heuchler! Ihr verschließt den Menschen das Himmelreich. Ihr selbst geht nicht hinein; aber ihr lasst auch die nicht hinein, die hineingehen wollen.**

Es gibt 8 Mrd. Menschen, aber nur ein Bruchteil hat Gott in sich und die wenigsten davon leben ihn so aus, dass es auch auffällt. Bei unserem ersten Bruder ist es aufgefallen. Die Dämonen schrien, die Pharisäer wollten ihn töten, die Gelehrten haben versucht ihn zu verstehen, seine Zeitgenossen wollten die Wunder sehen. **Röm 8.29 ... damit dieser (Jesus) der Erstgeborene von vielen Brüdern sei.** In **1.Joh 4.17** heißt es ... **denn wie er ist, sind auch wir in dieser Welt.**

Mündige Söhne und Töchter Gottes zu sein, die ihre Autorität in der Geistwelt kennen, ist das Ziel. **Phil 3.12 Nicht, dass ich es schon ergriffen habe oder schon vollendet bin; ich jage ihm aber nach, ob ich es auch ergreifen möge, weil ich auch von Christus Jesus ergriffen bin.** Alle Macht befindet sich im Geist, in der übernatürlichen Welt. Alles Sichtbare geht aus dem Unsichtbaren hervor (**Heb 11.3**). Ich möchte als Sohn Gottes, als Geistperson und nicht nur als Mensch in dieser Welt leben und erkannt werden.

Dämonen sehen jedes Einfallstor, sie wissen, mit welchen Gefühlen, Gedanken oder Umständen Menschen geknechtet werden können. **Jak 4.7 Unterwerft euch nun Gott! Widersteht aber dem Teufel! Und er wird von euch fliehen.** Das bedeutet keinen Kampf, sondern zu wissen, wer ich in Christus bin und in diesem Stand zu stehen. Ich bin wie mein älterer Bruder ein Geist aus Gott in einer menschlichen Hülle.

Unser Körper ist der Tempel des Heiligen Geistes. **1.Kor 3.16 … wisst ihr nicht, dass ihr Gottes Tempel seid und der Geist Gottes in euch wohnt?** So wie Jesus mit der Peitsche die Geldwechsler und Händler aus dem Tempel getrieben hat, sollen wir die schlechten Geister aus unserem Leben verjagen. Nur als mündiger Sohn Gottes kann ich diese Geister, Schwäche, Armut, Krankheit, Traurigkeit und jedes Leid aus meinem Körper und meinem Leben vertreiben. Unsere Entscheidung ist es, welche Geister wir zulassen.

Der äußere Mensch und die Seele können sich nur so fühlen, wie sie vom inneren Menschen durchdrungen sind. Mündige Söhne Gottes beherrschen die negativen Geister, weil der perfekte Heilige Geist in ihnen wohnt. Im Äußeren wird dadurch unser Leben schön, freudvoll, zufrieden, gesund und glücklich.

Es gibt immer wieder kleine Gruppen in der katholischen Kirche, die das Evangelium kennen, den Neuen Bund ernst nehmen und sich gegen die höhere Bewertung von intellektuellem Verständnis gegenüber geistiger Vollmacht und gegen die Verweltlichung der Kirche wehren. Diese Menschen sehnen sich nach einer geistigen Erweckung und nach der Rückkehr zur apostolischen Lehre und Praxis. Sie wollen wieder die Kraftwirkungen des Heiligen Geistes real erfahren.

Zeugen Jehovas

Die Zeugen Jehovas waren in Österreich für die katholische Kirche der Prototyp einer Sekte. Seit Sommer 2009 sind sie eine anerkannte Religionsgemeinschaft und der katholischen Kirche gleichgestellt.

Nach außen sind Zeugen Jehovas freundliche und hilfsbereite Menschen, und die Brutalität der großen Religionen ist ihnen fremd.
Aber wie alle extremen pseudoreligiösen Gruppen üben sie einen enormen Zwang auf ihre Mitglieder aus. Viele Ausstiegswillige bleiben nur, um ihre Familien nicht zu verlieren. Absolute Kontaktsperre nach einem Austritt gibt es aber auch bei den Hutterern, Amish, Mormonen und Muslimen, bei Muslimen sogar die Todesstrafe.

Zeugen Jehovas praktizieren die Neu- und Umdatierung des erwarteten Weltuntergangs bzw. der Rückkehr Christi seit 1874 und sind nachweislich vier Mal bei ihren Prophetien nicht vom Heiligen Geist inspiriert gewesen.

- 1914 ist Jesus Christus nicht sichtbar auf die Erde wiedergekommen.
- 1925 ist das Reich Gottes nicht sichtbar auf der Erde aufgerichtet worden.
- 1975 ist die Welt nicht vernichtet worden und untergegangen. Damals haben viele alles verkauft, ihren Beruf aufgegeben und sind in den vollzeitigen Predigtdienst eingestiegen. Sogar von dieser katastrophal falschen Prophetie haben sich die Zeugen Jehovas schnell wieder erholt.
- Gerade jetzt läuft die Zeit für eine falsche Prophetie ab. In dem Heft „Sinn des Lebens" steht auf Seite 28, dass einige Personen, die 1914 am Leben waren, noch leben werden, wenn das gegenwärtige System zu Ende geht.

All diese Fehlschläge konnten ihren Glauben nicht erschüttern.

Als Bibelforscher betonen sie Randthemen, die in der Bibel nicht zu finden sind, wie Jehova, die Wiederkunft Jesu 1914, keine Trinität, 144000 Zeugen Jehovas als himmlische Regierung, ewiges Leben auf gereinigter Erde usw. Andererseits werden nachstehende Punkte, die als die wichtigsten Themen in der Bibel mehrmals unter verschiedenen Aspekten erklärt sind, so übersetzt und ausgelegt, dass sie sich würdig in die Reihe der Bibelfälscher einordnen.

1. Der Name Gottes

Zeugen Jehovas sind stolz, dass sie den richtigen Namen Gottes kennen, aber als Ironie des Schicksals haben sie nach wissenschaftlicher Erkenntnis genau den falschen erwischt.

Im altorientalischen Denken enthüllt der Name immer das ganze „Wesen" seines Trägers, so dass dieser darin greifbar ist. Nur wer ihren Namen kannte, konnte eine Gottheit herbeirufen. Damit war unvermeidbar Missbrauch für menschliche Interessen verbunden. So wurden Gottes- oder Dämonennamen in der Magie zur Zauberformel, mit der sich der Genannte herbeizitieren lässt (vgl. Rumpelstilzchen).

Seit dem Wiederaufbau des Jerusalemer Tempels um 539 v. Chr. vermieden die Juden aus Ehrfurcht das Aussprechen des Gottesnamens JHWH, um keine Gotteslästerung zu begehen. Das Wissen um die richtige Vokalisierung ging verloren. Gottes Name war unaussprechlich und wurde mit HERR umschrieben.
Zwischen 700 und 1000 n. Chr. vokalisierten die Masoreten JHWH einheitlich wieder mit den Vokalen von Adonaj, und es entstand das Kunstwort Jehowáh. Um 1800 ist aber bereits über archäologische Erkenntnisse die Aussprache des Gottesnamen Israels in den Nachbarvölkern mit „Jahwe" rekonstruiert worden, und nicht mit Jehova.
Die nächste Ironie liegt darin, dass Jesus Christus in **Joh 17.26** sagt: „**Ich habe ihnen deinen Namen bekannt gemacht**", aber im gesamten Neuen Testament kein einziges Mal davon die Rede ist, dass Jesus Christus oder seine Jünger Gott mit dem Namen "Jehova" anredeten. Nur im

Alten Testament sind die Namen Elohim, El, Eloah, Adonai und die vielen Kurz- und Langformen von JHWH zu finden.

Jesus sprach stets von seinem Vater. Drei Mal stellte uns Jesus Gott als „Abba" (Vati, eigentlich kindlicher Kosename, Papilein) vor. Jemanden mit seinem Eigennamen anreden zu dürfen, ist etwas Großes. Das stiftet Gemeinschaft. Aber „Vater" oder „Vati" sagen zu dürfen, wie Jesus es uns lehrte, ist mehr. Es bedeutet ein Kind Gottes zu sein.

Es ist peinlich, Menschen oder Gott mit falschem Namen anzureden. Außerdem meinte Jesus mit „Namen bekannt machen" kein buchstäbliches Zauberwort, sondern das Wesen und den Charakter Gottes. Wie kann man die Bibel als Bibelforscher nur so falsch interpretieren?

Der Name Gottes (sein Wesen, seine bedingungslose Liebe) wird aller Welt bekannt werden, dass aller Götzenkult verschwindet und alle Menschen ihn anerkennen und ehren würden (**Sach 14.9, Jes 45.23**). Auch in der Neue-Welt-Übersetzung (NWÜ) steht in **Phil 2.9**, der größte Namen über allen Namen ist Jesus.

1.Joh 3.23 Und das ist sein Gebot: Wir sollen an den Namen seines Sohnes Jesus Christus glauben...

2. Welcher Name rettet?

Jeder kann Zeugen Jehovas mit dieser wichtigsten aller Fragen konfrontieren. Es wird immer die gleiche Antwort folgen: Jehova. Aber selbst in ihrer angepassten NWÜ kann man den Zeugen Jehovas im Zusammenhang von **Apg 2.21, Apg 4.10+12** und **Apg 16.31** zeigen, dass nur ein einziger Name rettet, nämlich Jesus Christus, der Herr. Der größte Namen, über allen Namen, ist Jesus Christus (**Phil 2.9** und **Eph 1.21**).

3. Was müssen wir tun, um gerettet zu werden?

Auch diese, alles entscheidende Frage wird von Zeugen Jehovas nicht so beantwortet, wie es wörtlich in ihrer eigenen Bibel steht.

Apg 16.30 Glaube an Jesus, den Herrn und du wirst gerettet werden, du und dein Haus.

Römer 10.9 Denn wenn du mit deinem Munde bekennst, dass Jesus der Herr ist, und in deinem Herzen glaubst, dass ihn Gott von den Toten auferweckt hat, so wirst du gerettet.

Der HERR, nicht das Kunstwort Jehova ist unser Gott und sein Name ist JESUS! Doch wenn man Zeugen Jehovas bittet, Jesus Christus als ihren Herrn zu bekennen, ist ihnen das unmöglich.

Das Erkennungszeichen eines jeden Christen ist das offene, klare Bekenntnis: Jesus ist mein Herr. Dieses Bekenntnis ist den Zeugen Jehovas nicht möglich, obwohl auch ihre Bibel Jesus vielfach als den Herrn kennzeichnet.

Im Johannesevangelium ist über 20 Mal zu lesen, dass man nur durch Jesus gerettet wird, und zusätzlich über 20 Mal, wie man ewiges Leben erhält. Interessanterweise bedeutet der Name Jesus: "Jahwe ist Rettung", was einmal mehr die Einheit zwischen Jahwe und Jesus Christus betont.

4. Wer ist dieser HERR Jesus Christus?

Wie bei den Muslimen ist Jesus Christus für Zeugen Jehovas nur ein Mensch und nie, was beiden als größtes Ärgernis gilt, auch Gott. Aber durch die ganze Bibel hindurch offenbart sich Gott als Vater, Sohn und Heiligen Geist.

Der Glaube der Zeugen Jehovas ist eine Wiederaufnahme des „arianischen Glaubens", dass der Logos und der Vater nicht gleichen Wesens seien. Der Streit über diesen Glauben dauerte das gesamte 4. Jahrhundert. In der Folgezeit kam es auch zur Zersplitterung der Arianer. Außerhalb des Römischen Reiches überlebte der arianische Glaube durch die vom arianischen Bischof Wulfila bekehrten germanischen Völker jahrhundertelang.

Ist Jesus wirklich Gott in Menschengestalt?

Jesus fragte einst seine Jünger: „Ihr aber, für wen haltet ihr mich?"
Die Antwort auf diese Frage beeinflusst unser Leben hier und jetzt und in Ewigkeit. Auf diese Frage aller Fragen gibt die Bibel mehrfach eindeutig Antwort.

a) Christus ist der Menschensohn

Im Buch Daniel (**Dan 7.13**) wird vom Messias gesprochen als von einem, der aussieht "wie ein Menschensohn". Mehr als 80 Mal nimmt Jesus den Titel „Menschensohn – Messias" für sich in Anspruch.

Gott selbst wird kommen und euch erlösen. (**Jes 35.4**)

b) Jesus Christus nennt sich den wesensgleichen Sohn Gottes - „Sohn" nicht in einem allgemeinen Sinn, wie wir Kinder Gottes werden können, sondern in einem speziellen, den die Juden genau verstanden.

Joh 8.23 ... ihr seid aus dieser Welt, ich bin nicht aus dieser Welt.

Mt 11.27 ... niemand kennt den Sohn, nur der Vater, und niemand kennt den Vater, nur der Sohn und der, dem es der Sohn offenbaren will. Jesus schreibt sich damit göttliche Erkenntnis zu.

c) Jesus nimmt göttliches Sein für sich in Anspruch

Er nennt sich mit dem Gottesnamen und bezeichnet sich als ewig.

Joh 8.9 Ehe Abraham war, bin ich. Das war für die Juden ein so ungeheuerlicher Frevel, dass sie ihn sofort steinigen wollten. Denn sie verstanden, dass er sich damit als Gott bezeichnete. Er machte sich hier die Selbstaussage des ewigen Gottes im Alten Bund zu eigen, mit dem sich Gott Mose in **2. Mose 3.14** offenbarte.

Jahwe bedeutet „der selbstexistierende Eine" oder „der ewige Eine". Jahwe bedeutet die dritte Person des Verbs „sein" in der hebräischen Sprache. Jahwe heißt demzufolge „Er ist". Wenn dieses Verb jedoch von Gott verwendet wurde, nahm es die Form der ersten Person an („Ich bin"). Mit seiner Selbstbezeichnung als „Ich bin" nahm Jesus für sich in Anspruch, der Gott zu sein, den die Hebräer unter dem Namen Jahwe kannten.

Joh 13.19 Ich sage es euch schon jetzt, ehe es geschieht, damit ihr, wenn es geschehen ist, glaubt: Ich bin es.

Joh 8.28 Wenn ihr den Menschensohn erhöht habt, dann werdet ihr erkennen, dass Ich es bin.

Joh 8.24 ... denn wenn ihr nicht glaubt, dass ich es bin, werdet ihr in euren Sünden sterben.

Jesus sagte mehrmals „Ich bin", und nicht wie in der NWÜ steht: „Ich bin gewesen". Jesus ist der Vater Gott, für die Menschen angreifbar personifiziert im Sohn.

d) Vater und Sohn sind wesensgleich

Die Juden forderten Jesus auf, seine wahre Identität zu offenbaren. Mit seiner Antwort brachte er sie in Rage: **Joh 10.30 Ich und der Vater sind eins.** Hierauf wollten ihn die Juden steinigen. **Joh 10.33 Die Juden antworteten ihm: Wir steinigen dich nicht wegen eines guten Werkes, sondern wegen Gotteslästerung; denn du bist nur ein Mensch und machst dich selbst zu Gott.**

Joh 14.9 ...du hast mich nicht erkannt, Philippus? Wer mich gesehen hat, hat den Vater gesehen.

Joh 5.17 Mein Vater ist noch immer am Werk und auch ich bin am Werk.

In **Joh 5.17+18** setzt Jesus seine Werke denen des Vaters gleich und beruft sich auf Gott als seinen Vater.

Jesus beansprucht auch göttliche Ehre:

Joh 20.28 Thomas antwortete ihm: Mein Herr und mein Gott!

Joh 5.23 ... damit alle den Sohn ehren, wie sie den Vater ehren.

Die ersten zwei Gebote untersagen die Anbetung von irgendetwas außer Gott. Jesus wies diejenigen nie zurecht, die ihn anbeteten.

Alleine im Johannesevangelium wird Jesus mehr als 20 Mal direkt oder indirekt als Gott bezeichnet. Allerdings nur in den Standardübersetzungen. In der NWÜ wird krampfhaft versucht, diese Stellen zu verdrehen.

e) Christus handelt als Gott

*Er lässt Sünden nach

Jesus sagte: Mein Sohn, deine Sünden sind dir vergeben. **Mt 9.3 Da dachten einige Schriftgelehrte: Er lästert Gott.** Denn die Juden wussten, nur Gott kann Sünden vergeben. Jesus bestätigt dieses nicht kontrollierbare Geschehen noch durch ein Heilungswunder (**Mt 9.2**).

*Christus verkündet ein neues Gebot

Er legt autoritativ das Gebot Gottes aus und setzt ein neues daneben. In der Bergpredigt **Mt 5.21-44** sagt Jesus 6 Mal: „Ihr habt gehört, dass zu den Alten gesagt ist ... Ich aber sage euch!"

Joh 13.34 Ein neues Gebot gebe ich euch, ...

*Christus ist der Spender des Lebens

Joh 5.21 Denn wie der Vater die Toten auferweckt und macht sie lebendig, so macht auch der Sohn lebendig, welche er will.

*Christus wirkt unzählige Wunder

72

f) Jesus hatte viele Eigenschaften, die im Alten Testament
alleine Gott zugeschrieben wurden

*die Kraft, Tote wieder leben zu lassen (**1.Sam2.6**)

*der gute Hirte (**Ps 23.1**)

*der Richter aller Menschen (**Joel 4.12**)

*das Licht der Welt (**Ps 27.1**)

*als der Bräutigam (**Jes 62.4-5**)

*"Immanuel" - Jesus sah sich als die Verkörperung des alttestamentli-
chen Jahwe „Gott mit uns"

*der Erste und der Letzte (**Jes 41.4, 44.6, 48.12**)
Offb 1.8 Ich bin das Alpha und das Omega, spricht Gott, der Herr.
Offb 21.6 Ich bin das Alpha und das Omega, der Anfang und das Ende.
Wer durstig ist, den werde ich umsonst aus der Quelle trinken lassen, aus
der das Wasser des Lebens strömt.
Offb 2.8 ... der Erste und der Letzte, der tot war und wieder lebendig wur-
de.

g) Jesus macht vom Glauben an ihn das ewige Heil jedes
Menschen abhängig
1.Joh 5.12 Wer den Sohn hat, hat das Leben; wer den Sohn Gottes nicht hat,
hat das Leben nicht.
Joh 14.6 Jesus sagte zu ihm: Ich bin der Weg und die Wahrheit und das
Leben; niemand kommt zum Vater außer durch mich.

h) Jesus wird verurteilt, weil er sich selbst „zum Sohn Gottes
macht"
Joh 19.7 ... Wir haben ein Gesetz, und nach diesem Gesetz muss er sterben,
weil er sich als Sohn Gottes ausgegeben hat.

i) Seine Jünger glauben an seine Göttlichkeit
Da Jesus die Göttlichkeit abgesprochen wird, müssen Zeugen Jehovas
viele Stellen in der NWÜ verändern. In **1.Joh 5.20** **Er ist der wahre Gott
und das ewige Leben,** kann nicht sein, was nach ihrer Meinung nicht sein
darf. In dieser Stelle muss die Erkenntnis in ihrer Bibel zum wahren
Gott erhoben werden, und nicht Jesus Christus. Erkenntnis bläht aber
laut Bibel nur auf.

Wer Gott nicht in Jesus Christus findet, wird nichts finden.

5. Wovon sind wir erlöst?

Zeugen Jehovas können nicht akzeptieren, dass der Mensch ein Geistwesen ist, eine Seele hat und in einem Körper lebt.

Gott ist Geist und wir sind ihm ähnlich, nach seinem Bilde geschaffen; nicht mit Nase und Mund, sondern ähnlich in seinem Wesen, als Geist.

1.Kor 15.45 So steht es auch in der Schrift: Adam, der Erste Mensch, wurde ein irdisches Lebewesen. Der Letzte Adam wurde lebendigmachender Geist.

In der NWÜ wird hier das Wort Nepesch (wörtliche Übersetzung: atmendes Wesen, auch Tiere werden als Nepesch benannt), mit Seele übersetzt, und nicht mit Lebewesen, und die Zeugen Jehovas beharren darauf, dass der Mensch eine lebendige Seele sei. Im Neuen Testament erklärt Jesus aber 6 Mal, z.B. in **Joh 12.25, dass wir in diesem Leben unsere Seele verlieren oder gering achten sollen, um das Leben zu gewinnen.**

Jesus hat uns sogar von der Führung und Leitung durch die Seele, (Verstand, Gefühl und Wille) befreit. Er hat unsere Sündennatur von uns genommen und die Möglichkeit geschaffen, dass unser Geist wieder von Gott neu geboren und dann durch den Geist Gottes geführt werden kann. Das ist die Lösung jedes Problems, die Erlösung. Denn wer durch den Geist Gottes, der absoluten Liebe, den Allwissenden geführt ist, hat es geschafft. Er ist in jeder Situation Sieger, alles wird ihm gelingen, er braucht nichts mehr zu befürchten.

Zeugen Jehovas lehnen in ihrer Religion diese Neugeburt des Geistes ab, obwohl Jesus sie mehrmals fordert, und gehen als verlorene Seele einer zweifelhaften Zukunft entgegen.

Röm 8.13 Wenn ihr nach dem Fleisch (Körper und Seele) lebt, müsst ihr sterben; wenn ihr aber durch den Geist die Taten des Leibes tötet, werdet ihr leben.

Röm 8.14 Denn alle, die sich vom Geist Gottes leiten lassen, sind Söhne Gottes.

Fleisch hat kein Leben in sich. Es ist tot und zerfällt zu Staub, wenn ihm der Geist entzogen wird. Jeder Körper mit Seele muss sich einem Geist zur Verfügung stellen, damit er mit Energie versorgt wird und lebt. Normale Menschen nehmen bewusst oder unbewusst Geister auf, die einen schönen Anschein haben, aber Lebensqualität rauben und den Menschen letztendlich zerstören. Aussteigen aus der fleischlichen Gesinnung ist die einzige Lösung. Jesus hat uns erlöst zu einem Leben im Geist.

Geist ist im Gegensatz zu Fleisch ewige Substanz. Geist formt und bewegt die Materie. Geist ist immer stärker als Fleisch. Jeder kleine Geist kann die Menschen im Fleisch überwältigen. Das funktioniert nicht wie ferngesteuert, sondern die ganzen Gedanken und Gefühle des Menschen werden übernommen und er lebt auf einmal in einer anderen Welt, in seiner eigenen Matrix. Für diese Menschen passt alles zusammen und ist logisch, als ob es die Wahrheit wäre.

Religiöse Geister sind mächtige Geister und formen verschiedene Scheinwelten, die dann als Katholizismus, Islamismus, Buddhismus, Materialismus, Welt der Zeugen Jehovas usw. sichtbar sind. Atheisten, Anhänger eines Fußballclubs oder irgendwelcher Ideologien, Parteien usw. leben in einer Scheinwelt. Ein Außenstehender kann dann diese Welt nicht verstehen und nachvollziehen, weil er wiederum in einer anderen Realität lebt, aus der es einmal ein bitteres Erwachen gibt. Wir sollen immer mehr die geistigen Ursprungskräfte, den Heiligen Geist und die bösen Geister, unterscheiden lernen. Nur das unverfälschte Wort Gottes lehrt uns diese Unterscheidung, und nicht die Psychologie. Und nur das Wort Gottes hat die Kraft, uns vom seelischen Leben und den negativen Geistern und Energien zu trennen und zu befreien.

6. Was ist das ewige Leben?

Auch auf diese Frage haben Zeugen Jehovas immer den gleichen Spruch aus ihrer **NWÜ** parat: **<u>Joh 17.3</u> Dies bedeutet ewiges Leben, dass**

sie fortgesetzt Erkenntnis in sich aufnehmen über dich, den allein wahren Gott, und über den, den du ausgesandt hast, Jesus Christus.

In Joh 17.3 wird in der NWÜ eine manipulative Fehlübersetzung des griechischen Wortes γινοσκο (ginosko) verwendet. Es ist eines der häufigsten Wörter in der Bibel; es kommt im Neuen Testament ca. 250 Mal vor und bedeutet kennen/erkennen/wissen. Im griechischen Urtext steht nur die Verbform, keine Substantivierung, kein behördenmäßiger Nominalstil. Selbst in der NWÜ fällt der Vers Joh 17.3 als einziges Mal aus dem Rahmen, wo das Verb ginosko im Nominalstil übersetzt wird. Anderswo verfährt auch die NWÜ wie in anderen Übersetzungen üblich. Ein Beispiel: **2.Kor 8.9 Denn ihr kennt die unverdiente Güte unseres Herrn Jesus Christus ...** , und nicht: „Ihr nehmt fortgesetzt Erkenntnis auf über die unverdiente Güte unseres Herrn Jesus Christus ...“

Der Nominalstil in der NWÜ „Erkenntnis aufnehmen" soll offensichtlich den Eindruck erzeugen, dass wir viel Literatur lesen und den Inhalt der Schriften der Wachtturm-Gesellschaft, des „treuen und verständigen Sklaven", des „Kanals Gottes" auswendig lernen müssen, um ewiges Leben zu erhalten. Das ist eine gefährliche Irreführung der Menschen, wenn eine lebendige Beziehung in etwas Technisches, ins Tun verändert wird. Ein Faktenwissen auf Verstandesebene bringt kein ewiges Leben.

Erkenntnis aufnehmen bedeutet noch lange kein Erkennen.

In Joh 17.3 geht es darum, die Liebe Gottes, sein Wesen, seinen Charakter und seinen Sohn Jesus Christus mit dem Herzen zu erkennen. So wie es auch in **Mt 22.26** heißt, dass du Gott lieben sollst, mit deinem ganzen Herzen und mit deiner ganzen Seele und mit deinem ganzen Sinn.

7. Himmel und Hölle, Leben und Tod

werden sehr einseitig, eigenartig interpretiert. In den Himmel wollen sie nicht, sie bleiben lieber auf der gereinigten Erde, und die Hölle gibt es nach ihrer Deutung nicht. Eine Definition von Leben vermeiden sie, und der Tod ist ein Schlaf ohne Bewusstsein. Die Zeugen Jehovas betonen, nicht ihren eigenen Worten zu glauben, sondern der Bibel, und überlesen total:

1.Joh 5.12 Wer den Sohn hat, hat das Leben; wer den Sohn Gottes nicht hat, hat das Leben nicht.

Joh 3.36 Wer an den Sohn glaubt, hat das ewige Leben; ...

Joh 5.24 Wer mein Wort hört und dem glaubt, der mich gesandt hat, hat das ewige Leben; er kommt nicht ins Gericht, sondern ist aus dem Tod ins Leben hinübergegangen.

Joh 6.51 Ich bin das lebendige Brot, das vom Himmel herabgekommen ist. Wer von diesem Brot isst, wird in Ewigkeit leben.

Joh 10.10 ... ich bin gekommen, damit sie das Leben haben und es in Fülle haben.

Joh 11.25 Ich bin die Auferstehung und das Leben. Wer an mich glaubt, wird leben, auch wenn er stirbt, ...

Dieses ewige, göttliche Leben hat sicher nichts mit Schlaf zu tun.

Es ist leider häufige Gewohnheit, auf den Alten Bund zu verweisen, obwohl er seit dem Erlösungswerk Jesu aufgehoben ist. (**Heb 8.6+7, Heb 10.9, Röm 7.4+6, Röm 10.4, 2.Kor 3.14** usw.)

Die Heiligen des Alten Testaments hatten keine Chance, in den Himmel zu kommen. Sie waren in Abrahams Schoß (**Lk 16.22**). Daher gibt uns das AT keine Auskunft über den Himmel und es ist unseriös, Aussagen des AT zum Himmel heute über den Neuen Bund zu stellen.

Seit 2000 Jahren ist die Gerechtigkeit Gottes ein Geschenk an uns, das wir annehmen dürfen oder ablehnen können. **Phil 3.9... die Gerechtigkeit, die Gott aufgrund des Glaubens schenkt.** Nur diese Gerechtigkeit zählt für den Himmel, nicht die eigene Gerechtigkeit oder Selbsterlösung. Vor 2000 Jahren sagte Jesus:

Joh 14.2+3 Im Haus meines Vaters gibt es viele Wohnungen. Ich gehe, um einen Platz für euch vorzubereiten? ... , damit auch ihr dort seid, wo ich bin.

Joh 14.20+23 ... Ich bin in meinem Vater, ihr seid in mir und ich bin in euch. ... Wenn jemand mich liebt, wird er an meinem Wort festhalten; mein Vater wird ihn lieben und wir werden zu ihm kommen und bei ihm wohnen.

Joh 17.24 Vater, ich will, dass alle, die du mir gegeben hast, dort bei mir sind, wo ich bin.

Diejenigen, die Jesus nicht kennen und die, welche Jesus nicht kennt, haben keine Chance, (**Mt 7.21-23**)

Vielleicht lesen die Zeugen Jehovas doch auch einmal die vielen Aussagen Jesu über den Himmel und nicht nur selektiv die Stellen, die ihre eigene Meinung bestätigen, sondern Jesu mehrmalige Warnungen vor der Hölle: Da wird Heulen und Zähneknirschen sein.

8. Sind Heilungswunder wirklich vergangen und werden jetzt nur von Satan vollbracht?

Zeugen Jehovas erzählen jedem, dass Heilungswunder vorbei sind. Gott sei Dank, steht dies nirgendwo in der Bibel. Aber Paulus sagt in **1.Kor 4.19: Ich werde aber bald zu euch kommen, wenn der Herr will. Dann werde ich diese Wichtigtuer nicht auf ihre Worte prüfen, sondern auf ihre Kraft.**
Um nicht als kraftloser Wichtigtuer und Irrlehrer entlarvt zu werden, gibt es einen bequemen Ausweg: man behauptet, es gibt keine Wunder mehr. Um das zu bestärken, warnt man noch: Wunderheilungen kommen von Satan, um die Auserwählten zu verführen.

Argumentiert wird mit **1.Kor 13.8**, wo aber nur steht, dass prophetisches Reden, Zungenrede und **Erkenntnis** vergangen sind. In diesem Vers steht nicht, dass Wunderheilungen vergehen werden, sondern dass Erkenntnis vergehen wird.
Da für Zeugen Jehovas nach **Joh 17.3**: „**Erkenntnis** aufnehmen" „ewige Leben" bedeutet, müssten sie eigentlich daraus schließen, dass ewiges Leben mit der vergangenen Erkenntnis nicht mehr existiert, und Wunderheilungen doch noch vorhanden sind.
Diese Probleme wurden im Wachtturm vom 1. Juni 2009 auf Seite 22 zurechtgebogen, und hier wurde deutlich die Methode demonstriert, wie das Glaubenssystem einer eigenständigen religiösen Gruppe zustande kommt: Bibelstellen aus dem Zusammenhang reißen und durch Hinzufügung und Weglassung den Sinn ins Gegenteil, entsprechend dem eigene Glaubenssystem, umwandeln.
Tatsächlich steht in **1.Kor 13.8: Die Liebe hört niemals auf. Prophetisches Reden hat ein Ende, Zungenrede verstummt, Erkenntnis vergeht ...**
... wenn wir Gott von Angesicht zu Angesicht schauen.

Dieser Satz wurde im Wachturm
> a) aus dem Kontext gerissen, der die Liebe behandelt,
> b) das Wort Wundergaben wurde hinzugefügt,
> c) die „Erkenntnis, die weggetan wird", wurde weggelassen,

und so wurde im Wachturm geschrieben: **Wundergaben wie das Zungenreden oder Prophezeiungen würden „weggetan werden".**

Gott warnt uns in **Offb 22.18+19,** dass uns dann die Plagen hinzugefügt werden und der Segen weggenommen wird, wenn wir seinem Wort etwas hinzufügen oder wegnehmen. Wer nicht glauben kann, dass Gott jetzt heilt, kann keine Wunderheilung und das wunderbare göttliche Leben empfangen. Die Plagen Satans können dann ohne Widerstand hinzugefügt werden.

Zeugen Jehovas erwarten sich, wie die meisten Menschen in der Welt, eher Heilung von der Schulmedizin mit ihren Medikamenten als von Gott. Sie verzichten bewusst auf das Privileg der Erlösung durch Jesus Christus, auf übernatürliche Heilung von Krankheiten und drehen das Ganze sogar ins Gegenteil, indem sie behaupten: Heilung komme von Satan. Dabei kommt Krankheit immer von Satan und Heilung von Gott.
2.Tim 3.5 Den Schein der Frömmigkeit werden sie wahren, doch die Kraft der Frömmigkeit werden sie verleugnen.
Falsche Bibelübersetzungen und manipulierte Auslegungen sind gefährlich; sie stehlen uns das Leben in der Fülle.

9. Textfälschungen in der Neue-Welt-Übersetzung

Zeugen Jehovas loben ihre NWÜ als beste aller Bibelübersetzungen. Sie sind stolz, 7210 Mal den Namen Jehova eingefügt zu haben, selbst im Neuen Testament, wo im griechischen Urtext immer **Κψριοσ** = **König,** Herr steht, z.B. **2.Kor 3.17.** Nicht einmal Jesus störte das Fehlen des Gottesnamen im AT. Zusätzlich wurde die deutsche Ausgabe nicht direkt aus dem Griechischen, sondern aus dem Englischen übersetzt.

Da die Neue-Welt-Übersetzung der Zeugen Jehovas an vielen wichtigen Stellen von anderen Bibelübersetzungen abweicht, wäre es wichtig, die fachliche Qualifikation der Mitarbeiter des Übersetzungskomitees überprüfen zu können.

Leider wurden die Namen der Übersetzer verheimlicht. Umso mehr ist die Frage berechtigt, ob diese Übersetzer genügende Sprachkenntnisse aufwiesen, um den griechischen Urtext richtig deuten zu können. Die Wachtturm-Gesellschaft hat die Liste der Mitarbeiter nie veröffentlicht, mit der durchsichtigen Begründung: "Die Übersetzer trachteten nicht nach Ruhm, sondern wollten dem göttlichen Autor der Heiligen Schrift die Ehre geben."

Die Versuche, diese Namen geheim zu halten, sind aber gescheitert. **Raymond Franz,** der von 1971 bis 1980 Mitglied der "leitenden Körperschaft" der Zeugen Jehovas war, hat nach seinem Ausstieg im Buch "Crisis of Conscience" (Gewissenskonflikt) die Liste der Übersetzer veröffentlicht und ihre sprachliche Qualifikation angeführt. Von den vier Mitgliedern hatte nur eines Griechisch studiert, allerdings ohne Abschluss. Eines der Mitglieder war der damalige Präsident der Wachtturm-Gesellschaft, Nathan Knorr. Damit ist erklärt, warum die Namen der Übersetzer nicht veröffentlicht wurden.

Da die Qualifikation des Übersetzungskomitees unzureichend war, sollte jeder den Text der NWÜ mit dem griechischen Original vergleichen. Die groben Fälschungen können sogar ohne detaillierte Sprachkenntnisse anhand einer guten Interlinearübersetzung erkannt werden.
In ihrer Übersetzung erkennt man an den Manipulationen am absolut gesicherten Urtext sofort, wo Zeugen Jehovas Probleme haben und was für sie nicht sein kann, weil es nicht sein darf.

Primäres Ziel der Textfälschungen ist, Jesus und dem Heiligen Geist die Göttlichkeit zu nehmen und die persönliche Glaubensbeziehung zu ihnen durch ein Faktenwissen auf Verstandesebene zu ersetzen. Die lebendige Beziehung wird in etwas Technisches, ins Tun verändert, das zur Werksgerechtigkeit führt und dramatische Konsequenzen für das ewige Leben (Zoe-Leben) hat. Zeugen Jehovas brauchen diese eigene Übersetzung nur, um ihr Glaubenskonstrukt zu beweisen und vor dem Einsturz zu bewahren.

Es gibt bei ihnen keine ausgleichende Gerechtigkeit. Ein Massenmörder und einer ohne Mitgliedschaft bei ihrem Verein erfährt das gleiche Schicksal: Auslöschung des Bewusstseins, ewiger Schlaf. Die siebenmalige Aussage Jesu Christi in der Bibel: -..."**dort werden sie heulen und mit den Zähnen knirschen**" wird ignoriert.

Der Himmel, ein Zustand ewiger Glückseligkeit, bleibt nur der Elite von 144 000 regierenden Zeugen Jehovas vorbehalten.

Ihr fester Glaube, dass sie als Einzige das schreckliche Armageddon überleben werden und dann auf einer gereinigten Erde ewig glücklich leben können, wird sich wie das Paradies der islamischen Selbstmordattentäter als große Illusion herausstellen.

Themen wie das natürliche Israel, das laut Zeugen Jehovas Gott für immer verworfen hat und mit dem aber Gott demnächst Geschichte schreiben wird, Himmel, die 144 000 aus Geist geborenen Zeugen Jehovas und vieles mehr, wären noch interessant zu untersuchen.

Die wichtigsten Aussagen, die im Neuen Testament zigfach, teilweise hundertfach wiederholt werden, wie: Christus in uns, ewiges Leben nur in ihm (= Jesus Christus, **Joh 3.15**),Heiliger Geist, Agape-Liebe, Seele verlieren, Gnade, wie man wirklich das göttliche Leben wieder erreichen kann usw., werden überlesen und nicht registriert.

Dabei wird im Neuen Testament in fast allen Kapiteln immer wieder gezeigt, wie wir zurück zu Gott, zu einem göttlichen Leben mit höchster Qualität finden können. Dieser Weg zurück zu Gott wurde auch schon im Alten Testament mehrmals prophetisch angekündigt.

Joh 10.10 Der Dieb kommt nur, um zu stehlen, zu schlachten und zu vernichten; ich bin gekommen, damit sie das Leben haben und es in Fülle haben.

In der Bibel offenbart sich Gott
ständig
als Vater, Sohn und Heiligen Geist.

Buddhismus

Der Buddhismus ist eher eine Philosophie als Religion. Er kennt weder einen allmächtigen Gott noch eine ewige Seele und ist in seiner Lehre ähnlich zersplittert wie alle anderen Religionen.

Teilweise gibt es im Westen eine kritiklose Verehrung und die Annahme, der Buddhismus sei der Prototyp einer "sanften" Religion. Er gilt als weitgehend undogmatisch, antiautoritär, friedliebend, menschenfreundlich. Nicht wenige sehen in ihm eine wohltuende Alternative zu den imperialistischen Weltreligionen. Tatsächlich zeigt der Buddhismus in seinen Ursprungsländern ein vollkommen anderes Bild.

Der Dalai Lama ist von der Wahrheit und Überlegenheit des Buddhismus absolut überzeugt. In Sri Lanka und Myanmar zeigt der Buddhismus eine erschreckende, gewalttätige Intoleranz gegenüber anderen Religionen. Die in der Antike entstandene patriarchalische Bettelmönchsreligion sieht in Frauen nur ein Hindernis auf dem spirituellen Heilsweg ins Nirwana. Der Buddhismus ist total frauenfeindlich. Die Existenz eines persönlichen Schöpfers wird negiert.

Jede neue Reinkarnation bedeutet gemäß der buddhistischen Betonung des Leidens keine neue Chance, sondern eher eine Fortsetzung des Leidens und der Mühsal. Die Wiederfleischwerdung kann dabei in Menschenform geschehen, aber auch, bei schlechtem Karma, im Tierreich, im Reich der Hungergeister und Dämonen oder als gequälter Insasse in einer der 8 Haupt- und 160 Nebenhöllen. Buddhisten haben daher in der Reinkarnation immer etwas „Schreckliches" gesehen.

Da wir in diesem Leben sicher nicht zur Erleuchtung gelangen, ist unser Tod wieder der Beginn eines mühevollen Kreislaufes. Insofern ist der Buddhismus hoffnungslos. Gnade gibt es nicht. Der Aussage Jesu Christi: Ich bin gekommen, damit ihr das Leben in der Fülle habt, steht die Aussage des Buddhas gegenüber, dass alles Leben Leid sei.

Reinkarnation scheint auf den ersten Blick logisch, ist aber in der Bibel kein explizites Thema. Ist Schicksal ein Würfelspiel des Zufalls oder göttliche Weisheit? Es gibt in der Bibel einige Stellen, in denen Reinkarnation angedeutet sein könnte, zB:

Mt 11.13-14 ... ja, er (Johannes) **ist Elija, der wiederkommen soll.**
Jak 3.6 Die Zunge ist der Teil, der ... das Rad des Lebens in Brand setzt;
   (griechische Nestle Aland Übersetzung: Rad des Wiederwerdens)
Gal 6.7 Täuscht euch nicht: ...was der Mensch sät, wird er ernten
Joh 9.2 Da fragten ihn seine Jünger: Rabbi, wer hat gesündigt? Er selbst?
   Oder haben seine Eltern gesündigt, sodass er blind geboren wurde?
Joh 14.2 Im Haus meines Vaters gibt es viele Wohnungen.

Auf die Spekulation, dass Reinkarnation im Urchristentum gängige Lehre war und von den Kirchenvätern mit Ausnahme von Origenes eliminiert wurde, möchte ich mich nicht einlassen.
Falls Reinkarnation Realität ist, hat sie für das Christentum keine Bedeutung, weil uns nur die Wiedergeburt unseres Geistes aus dem ewigen Kreislauf der Reinkarnation erlöst. Das Erlösungswerk Jesu Christi bietet die einzige Chance, aus dem Rad des Wiederfleischwerdens befreit zu werden und bei der Auferstehung dabei zu sein. Reinkarnation(Wiederfleischwerdung), Wiedergeburt (des Geistes) und Auferstehung (unvergänglicher Auferstehungsleib)sind unterschiedliche Begriffe, die nicht vertauscht werden dürfen.

In der Bibel wird vor allem das wichtigste Thema behandelt, wie ich als Sohn oder Tochter Gottes Wiedergeboren werden kann. Nur Christus kann vom unseligen Zwangsablauf des Karmas befreien. Das Wunder der Gnade hebt das Gesetz des Karmas auf.

Weder Buddha noch Mohammed sind von den Toten auferstanden und können daher auch nicht das ewige Leben geben wie Jesus Christus.

Hinduismus

Hinduismus und fernöstliche Religionen mit ihrem Götzendienst und ihren Millionen von Göttern sind bei uns exotisch und modern.

Die Selbsterlösung durch gute Werke, eigentlich das Muster jeder Religion, ist hier der zentrale Glaubensinhalt. Wie im Buddhismus ist das Abarbeiten des schlechten Karmas der Lebenssinn. Hindus versuchen ein heiliges Leben zu führen und keine Tiere zu töten. Aber in dieser Kultur ist es nicht anstößig, den Nächsten in seiner Not alleine zu lassen. Es muss nämlich jeder an seinem Karma selber arbeiten. Eine Hilfe von außen ist nicht dienlich. Daher gibt es keine Nächstenliebe und keine Barmherzigkeit. Hinduismus wie Buddhismus sind eigentlich eine brutale, herzlose Religion. Die Versklavung der Menschen durch diese satanische Religion ist für jeden klar erkennbar.

Daher hatte Mutter Theresa in Indien ein großes Aufgabengebiet.

Neben dem friedlichen und toleranten Hinduismus gibt es noch den militanten, der das unmenschliche Kastensystem öffentlich durchsetzen will. Für viele „Unberührbare" ist die Botschaft des Evangeliums eine Befreiung. Ihnen wird durch das Christentum Würde zugesprochen, und es wird ihnen Respekt erwiesen. Das erregt bei radikalen Hindus großes Ärgernis.

Die wenigsten wissen bei uns, dass es im Indien des21. Jahrhunderts, einer Atommacht, die Verfolgung von Christen mit Hunderten von Toten gibt.

Anhänger fernöstlicher Religionen haben im Gegensatz zu den streng gesetzlich lebenden Gläubigen ein Bewusstsein von der geistigen Welt, die unsere äußere Welt formt. Aber leider kommen sie, wie die Spiritisten, nur mit negativen Lügengeistern in Kontakt. Das Ergebnis ist dann die bittere Armut und Knechtschaft in ihren heiligen Ländern wie Tibet und Indien.

Viele Bramahnen, die Christus gefunden haben, bekennen, dass keine Yoga-Praxis und keine zenbuddhistische Meditation die Heilsgewissheit und so einen Frieden in ihr Herz geben konnten.

Satanisten

Satanisten und Antichristen nutzen das Prinzip "Satan" als Quelle für ihre magische oder spirituelle Arbeit. Die Glaubensbekenntnisse der Satanisten sind zu unappetitlich, um näher darauf einzugehen.

Nach **Johannes10.10** kommt der Dieb nur um zu lügen, zu töten und zu zerstören, und damit ist Satan gemeint. Beim Satanismus ist dieses Prinzip meist sehr offensichtlich, kann aber auch subtiler angestrebt werden.

Archaische Religionen

Es gibt noch unzählige absurde archaische Religionen und Gottesvorstellungen aus der Steinzeit und Antike bis zur Neuzeit.

In der Bibel, einem der verlässlichsten Geschichtsbücher, wird auch die Religion Kanaans als abstoßendes Beispiel erwähnt.

Kanaan

Einblick in die Götterwelt Kanaans geben die praktisch komplett aufgefundenen Keilschriftarchive der um 1200 v. Chr. zerstörten Stadt Ugarit und das Alte Testament.

Baal oder Moloch wurde als Himmels- und Wettergott verehrt. Durch die Verbindung mit der weiblichen Gottheit "Aschera" = "Astarte" wird seine Beziehung zu Fruchtbarkeitskulten deutlich. Der Kult umfasste Götzenanbetung, Sternenkult, Wahrsagerei, Geisterbefragung, Zauberei, Rauchopfer und Brandopfer bis zu Menschenopfern. Die Riten der Baalsanbetung waren Tanzen, lautes Geschrei, Masochismus, Zeichen in die Haut ritzen, Ekstase, Ausschweifung, Unzucht und Prostitution.

Laut Bibel konnte Gott die Gräuel der Kaanaiter nicht mehr ertragen und gab ihr Land den Israeliten. Gott warnte Israel vor dem Götzendienst der Kaanaiter. **Lev 20.23 Ihr sollt euch nicht nach den Bräuchen des Volkes richten, das ich vor euren Augen vertreibe. Mich ekelt vor ihnen. Num 33.55 Wenn ihr die Einwohner des Landes vor euch nicht vertreibt, werden euch die, die von ihnen übrig bleiben, zum Götzendienst verführen.**

In der Ausübung des Baalskultes konnten die Menschen zügellos feiern, bis zur Ekstase singen und tanzen und ihren Trieben freien Lauf lassen, und das als gesellschaftlich ehrenwerte Religionsausübung. Für Menschen, die die mächtige Dimension des Geistes nicht erfahren haben, erscheint diese seelische, sinnliche Ebene attraktiver.

Viele israelische Mädchen gingen zur Zeit Hoseas in den Baalstempel, um dort den Mutterschoß öffnen zu lassen. Dies geschah, indem die Jungfrau Geschlechtsverkehr mit einem „Geweihten" hatte. Durch diese sakrale Handlung erhofften sich die Frauen Segen, das heißt Fruchtbarkeit von Baal.

Der „Gräuel der Ammoniter" nach **1. Könige 11.7** ist ein Götzendienst, bei dem Menschenopfer, bevorzugt Kinder, dargebracht wurden, die bei der Opferung „durchs Feuer gingen", d. h. verbrannt wurden. Baal Moloch ist eine Bronzestatue, die mit Feuer erhitzt wurde. Um die Schmerzensschreie der Kinder zu übertönen, wurden sie unter lautem Trommelwirbel in die heiße Öffnung der Statue geworfen.

Apg 7.43 Wegen Moloch habe ich euch jenseits von Babylon verbannt.

Es zeigt sich hier, wie verrückt das Denken der Menschen werden kann, wenn sie sich einem falschen Geist ausliefern. Sie glauben dann, dem Schöpfer Gott, der bedingungslose Liebe ist und alles getan hat, damit es dem Menschen gut geht, eine Freude zu bereiten, wenn sie Gottes Kinder grausam ermorden.

Die Bibel sagt uns eindeutig, welcher Geist hier dahinter steht. Es ist der Gott der Weltzeit, nach **2.Kor 4.4**, Satan. **Joh 10.10 Der Dieb** (Satan) **kommt nur, um zu stehlen, zu schlachten und zu vernichten; ich** (Jesus) **bin gekommen, damit sie das Leben haben und es in Fülle haben.**

Seit Jahrtausenden gibt es nichts Neues unter der Sonne.

Heute ist der Mutterschoß der gefährlichste Ort auf dieser Erde. Jährlich gibt es weltweit 50 Millionen Abtreibungen. Die Kinder werden in Säure aufgelöst, mechanisch zerstückelt oder sonst irgendwie getötet.

Die Maya

Sogar das öffentlich-rechtliche Fernsehen ORF hat sich des Themas Mayakalender in einer Universumsendung am 17. 11. 2009 angenommen. Filmemacher, die sich aufgeklärt geben und an Evolution glauben, beschäftigen sich mit Göttern und kamen zum „wissenschaftlichen" Schluss, dass am Mayakalender etwas Wahres ist, aber das Ende der Welt nicht durch einen Polsprung, sondern durch eine plötzliche Klimaänderung hervorgerufen wird. Welcher Geist hier vorherrscht, ist eindeutig, da Gottes Stimme nur Liebe ist, Angst hingegen die Stimme Satans.

Ende 2012 erfüllten sich keine der schrecklichen Prophezeiungen, und brachte eine weitere Niederlage der esoterischen Scheinwissenschaft mit ihrem Vokabular: Astrologie, Horoskop, Okkultismus, Spiritismus, Synchretismus, Reiki, Tarot, Hexen, Channeling, Minerale, Schamanismus, Ying Yang, Aura, Chakra, Engel, Rückführung, Reinkarnation, Tantra, Feng Shui, östliche Weisheiten, Hypnose, Lichtarbeit, Magie, Wahrsagerei, Transformation auf eine höhere Ebene, Evolution in den Lichtkörper, Nostradamus, Erik von Däniken, Außerirdische, Zeitreisen, Kosmologie usw.

Götter, Opfer und das menschliche Blut spielten bei den Maya eine besondere Rolle. Hochgestellte Persönlichkeiten gewannen das zum Opfern bestimmte Blut z.B., indem sie sich dornige Fäden durch Lippe oder Zunge zogen oder auch den Penis mit Seeigelstacheln anstachen. Die Schmerzhaftigkeit dieser Praxis war offenbar für ihren religiösen Wert von großer Bedeutung. Wie bei den Azteken und anderen mittelamerikanischen Religionen diente das Opfer nicht allein dazu, die Götter gewogen zu machen, sondern auch, um die Götter in gewisser Weise am Leben zu erhalten.
In der Religion der Maya waren Menschenopfer üblich. Die Art der rituellen Hinrichtungen reichte von Köpfen, Ertränken (z. B. in Cenotes), Erhängen, Steinigen, Vergiften, Verstümmeln bis hin zu lebendig begraben. Zu den grausamsten Tötungsarten gehörte, wie bei den Azteken, das Aufschlitzen des Bauches und das Herausreißen des noch schlagenden Herzens.

Vermutet wird, dass die Mayakultur sehr kriegerisch war und dass die Maya wie die Azteken Kriege nur zur Gewinnung von möglichst vielen Menschenopfern geführt haben. Gott beendete diese grausame Kultur wie die der Kanaaiter. Diese Kultur sollte uns ganz offensichtlich nicht als Vorbild dienen.

Maya ist auch heute die indische Gottheit für Verblendung.

Voodoo

Voodoo soll hier stellvertretend für die unterschiedlichsten animistischen Religionen betrachtet werden.

Voodoo verehrt Totengeister und Dämonen und benutzt diese als Kraftquelle, um anderen Menschen mittels magischer Rituale zu schaden oder die eigenen Interessen durchzusetzen. So wie Goethes Faust mit dem Teufel einen Pakt schloss und seine Seele verkaufte, um seine Wünsche zu erfüllen.

Noch in der heutigen Zeit werden für Voodoorituale nicht nur Genussmittel oder Tiere, sondern auch Kinder geopfert. Besessenheit gehört im Voodoo-Kult zur rituell vollzogenen Vereinigung mit den „Göttern". Rauschmittel und wildes Tanzen zu ohrenbetäubenden Rhythmen soll helfen, in den Zustand der Trance zu gelangen, wo die „Götter" vom Menschen Besitz ergreifen. Es wird als eine Ehre aufgefasst, von den Göttern „geritten" zu werden.

Haiti ist ein Beispiel, wie Satan bereits die Hölle auf Erden verwirklicht hat. Haiti ist zu 90 % katholisch, aber zu 100 % Voodoo. Voodoo ist ein Pakt mit dem Teufel. Menschen geraten beim Tanz in Trance, verdrehen die Augen, haben Schaum vor dem Mund, stammeln sinnlose Laute, Worte, afrikanischer Sprachen ähnlich, gehen barfuß über glühende Kohlen und tanzen auf spitzen Glasscherben. Ihr Leben wird vom Ahnenkult und Fetischismus bestimmt. Noch heute kommen Menschenopfer durch Verbrennen kleiner Kinder vor.

Menschen aus Haiti glauben: Der deutsche Voodoo, wie ihn Goethe im Faust gezeigt hat, ist stärker.

Wenn evangelikale Kirchen vor diesem Kult warnen, werden sie in aller Welt als Sekte beschimpft.

Haitis Politiker wie Papa Doc waren Diktatoren, Voodoo Priester und Spiritisten. Zur Amtseinführung wurden Voodoo-Rituale und Messen praktiziert. Papa Doc hat sich gerühmt, jedes Jahr zigtausende Menschen unbemerkt gefoltert in Gefängnissen verschwinden lassen zu können. Sein Sohn Baby Doc war nicht mehr so blutrünstig. Am 4. April 2003 wurde Voodoo unter der Regierung des vom Christentum abgefallenen katholischen Priesters Aristide zur offiziellen Religion in Haiti erhoben.

Das Nachbarland Haitis, die Dominikanische Republik, ist grün. In Haiti ist der ganze Wald gerodet, und das Land ist braun. Bei jedem Tropenregen wird Erde ins Meer geschwemmt. Der Strand verschlammt, und ehemalige Korallenriffe, die es nicht mehr gibt, sind mit Plastik zugemüllt. In der Hauptstadt Port-au-Prince waren vor dem Erdbeben die Straßen teilweise nicht passierbar wegen Bergen von Müll und einer kaputten Kanalisation.

Die Lebenserwartung beträgt in Haiti 38 Jahre. 60 % der Bevölkerung kann nur mehr einmal am Tag eine Mahlzeit zu sich nehmen. 65 % der Kinder sind fehlernährt. Streitigkeiten z.B. auf dem Markt werden übertrieben wild ausgetragen, wie bei einem Veitstanz, bis die Menschen erschöpft sind und sich abreagiert haben.

Der Alltag war vor dem Erdbeben kaum noch lebbar. Haiti ist gebrandmarkt, wie früher die Sklaven gebrandmarkt wurden. Die Menschen selbst sagen, Haiti ist ein Land der Verfluchten. Die wirkliche Hölle ist natürlich noch unbeschreiblich schrecklicher.

Haiti ist das einzige Land des amerikanischen Doppelkontinents, das zu den am wenigsten entwickelten Ländern gezählt wird.

Bei uns wird im Internet auf esoterischen Seiten für den Voodoo- Zauber aus Afrika mit seinen Erfolgsberichten geworben. Im Voodoo sind esoterischen Begriffe wie Amulett, Fetische, Schamanismus, Animismus, Hexentum, weiße und schwarze Magie, Mysterien, Pendel usw. üblich.

Dieser Zauber wäre vor einigen Jahrzehnten nur auf Jahrmärkten akzeptiert worden, ist aber heute gesellschaftsfähig.

Aktueller Zustand unserer Gesellschaft

Es gibt vom Schöpfer eine Betriebsanleitung für ein gelungenes Leben: das Verfassungsgesetz des Universums. Dort steht unter anderem: „Wie du säst, so wirst du ernten." Nur dem Feind Gottes und des Menschen ist es gelungen, dem Volk diese Betriebsanleitung vorzuenthalten. Die Bibel ist zwar der Bestseller aller Zeiten mit gewaltigen Auflagen in fast allen Sprachen der Welt, aber die wenigsten lesen darin. Orientierungslosigkeit und Zukunftsängste werden immer größer und die wenigsten haben Interesse, was Gott dazu sagt.

Ökosozialisten wollen die Welt durch Umweltschutz retten und Rudolf Steiner durch Kompost. Aber: **Mi 7.13 Die Erde aber wird zur Wüste wegen (der Sünden) ihrer Bewohner; so ernten sie die Frucht ihrer Taten.**

Die christlichen Wurzeln Europas werden jetzt in der EU-Verfassung verleugnet. Antidiskriminierungsgesetze werden über andere Gesetze gestellt. 70 Jahre zu spät wird mutig Widerstand gegen den Nationalsozialismus praktiziert. Dafür verbreitet der Abtreibungsmord im gigantischen Ausmaß eine Kultur des Todes. Und über Evolution will man Gott abschaffen. Christliche Symbole werden immer mehr aus dem öffentlichen Raum verdrängt und das öffentliche Fernsehen überbietet sich ständig mit Perversitäten.

Die Eliten fragen dann scheinheilig, was haben wir falsch gemacht, weil sich Nihilismus und Süchte aller Art in dieser zivilisierten Welt verbreiten und wir von einer Krise in die andere stolpern.
Diejenigen, die Gott ablehnen oder leugnen, sagen dann: Warum gibt es so viel Leid, Hunger und Krieg, Zerstörung des Planeten durch Umweltverschmutzung, Ozonloch und Naturkatastrophen? Warum kann Gott das alles zulassen?
Die 68er gehen jetzt in Pension und hinterlassen riesige Schuldenberge und Kindermangel. Andererseits verleiht die Frauenministerin Abtrei-

bungskliniken den „pro woman award" für frauenpolitische Errungen-schaften. Und der Eröffnungsakt für den Life Ball am 17. Juli 2010 fand erstmals in der Säulenhalle des Parlaments in staatstragendem Ambi-ente statt. Die inzwischen verstorbene Nationalratspräsidentin Barbara Prammer hat den Ehrenschutz übernommen und der amtierende Bun-despräsident Heinz Fischer nahm ebenfalls an der Regenbogenparade teil.

Dabei müsste dieser Ball **TODES-Ball** heißen, denn die Schwulen und Lesben zelebrieren den Untergang der Gesellschaft, das vollkommene AUS des Lebens. Sie rechtfertigen ihr Tun mit ihren Genen, die ihr Han-deln bestimmen. Moderne Epigenetik und neueste Erkenntnisse aus der Krebsforschung sagen uns jedoch, dass innerhalb kürzester Zeit andere Gensequenzen aktiviert werden können. Nicht die Gene be-stimmen unser Leben, sondern auch wir die Gene.

Der Europarat kämpft gegen die Verwendung des Begriffs „Mutter". „Mutter" sei ein sexistisches Stereotyp, das die Frau in eine überliefer-te Rolle dränge und die Gender-Gleichheit behindere.
„Gender" bezeichnet als Konzept die soziale, gesellschaftlich konstru-ierte oder psychologische Seite des Geschlechts einer Person im Unter-schied zu ihrem biologischen Geschlecht (engl. sex). Der Begriff wurde aus dem Englischen übernommen, um auch im Deutschen eine Unter-scheidung zwischen sozialem („gender") und biologischem („sex") Ge-schlecht treffen zu können.

Die Gender-Ideologie widerspricht sämtlichen wissenschaftlichen Er-kenntnissen und verfolgt ausschließlich ein politisches Ziel: Die Zerstö-rung der Familienordnung und Enthemmung der Sexualität.
Der norwegische Komiker Harald Eia zeigte in einem Film, der 2011 beim staatlichen TV-Sender NRK in der Sendereihe Hjernevask ("Ge-hirnwäsche") auf Sendung ging, dass die Gendertheorie, nach der Mann und Frau gleich seien und alle Unterschiede ihre Ursache aus-nahmslos in gesellschaftlichen Prägungen hätten, nicht mit den Wis-senschaften von Biologie, Anthropologie etc. übereinstimmen. Darauf wurde Ende 2011 das Nordic Genderinstitut NIKK geschlossen. Noch 2008 hatte es für vier Jahre 56 Millionen Kronen Subvention erhalten.

Aktuelle Umfrage zum Glauben

Seit 1999 spreche ich am Samstagvormittag auf dem Hauptplatz Flohmarktbesucher mit den Worten an: Entschuldigung, hätten Sie eine Minute Zeit für eine kurze Umfrage? Inzwischen habe ich etwa 3500 Menschen befragt. Die meisten Menschen reagieren freundlich, wobei ich inzwischen schon sensibilisiert bin und fast immer vom Äußeren des Menschen richtig abschätzen kann, welche Reaktion erfolgen wird.

Nur wenige reagieren empört und abweisend, wenn sie das Wort Religion hören.
Manches Mal bricht jemand beim zweiten Punkt die Umfrage ab, weil die Person ihren Glauben nicht öffentlich preisgeben will und als geheime Privatsache betrachtet. Aber Jesus sagt in **Mt 10.32 Wer sich nun vor den Menschen zu mir bekennt, zu dem werde auch ich mich vor meinem Vater im Himmel bekennen.**

Viele sagen, eine Minute habe ich Zeit, länger nicht. Nach zehn Minuten, wenn ich ihnen das Wesentliche vom göttlichen Leben erzählt habe, versuche ich den Dialog zu beenden. Die Leute reichen mir dann meistens die Hand und bedanken sich für das interessante Gespräch.

Umfrageliste

wie denken Sie über Religionen			glauben Sie an **Gott**		ist für Sie **Gott**		glauben Sie, dass es **Satan gibt**		Geschlecht		Alter				was glauben Sie über **Jesus Christus**			gibt es für Sie den **Hl. Geist**		was bedeutet für Sie das **Evangelium**		
positiv	negativ	gleichgültig	ja	nein	persönlich	unpersönlich	ja	nein	männlich	weiblich	unter 20	20 - 40	40 - 60	über 60	guter Mensch Prophet	Messias	keines von beiden	ja	nein	die Bibel	Erlösungswerk Jesu Christi	Mythos Märchen

Ergebnis der Umfrage:

Wie denken sie über Religionen?
Die ältere Generation denkt mehrheitlich positiv über Religion. Der jüngeren Generation sind Religionen eher gleichgültig. Nur wenige Menschen trauen sich zu erklären, dass sie negativ über Religionen denken.

Fast gefährlich wird die Umfrage bei Leuten, die begeistert antworten: „**Nur** positiv!" Sie werden meistens bei den Fragen über Jesus Christus und was für sie das Evangelium bedeutet, wütend. Jesus sehen sie als guten Menschen oder Propheten, und als Evangelium betrachten sie die Bibel an. Auch deklarierte Muslime werden trotz einer höflichen und freundschaftlichen Gesprächsführung schnell aggressiv.

Glauben sie an Gott?
Diese Frage wird doch noch von etwa 70% der Menschen mit „Ja" beantwortet. Wenn man bei den Verneinenden nachfragt, kann man schnell feststellen, dass sie unterbewusst auch an einen Schöpfer glauben, aber die grausamen Religionen ablehnen.

Häufig kommt auch die Bemerkung: Warum kann Gott die Kriege, das Leid, den Hunger, die Naturkatastrophen, die armen Kinder usw. zulassen? Gott, den es nach ihrem Bekenntnis gar nicht gibt, wird dann für alles verantwortlich gemacht, was eindeutig von Satan kommt. Denn nur Gutes kommt von Gott.

Die Leute verstehen nicht, dass nur der Mensch Autorität in dieser Welt hat und einmal für seine Taten zur Verantwortung gezogen wird. Sie wissen nicht, dass die genannten Untaten immer Menschen, beeinflusst und getrieben von einem bösen Geist, ausführen.

Satan, der Gegenspieler Gottes, möchte die Menschheit und diesen Planeten vernichten. Er kämpft schon tausende Jahre für diese Endlösung und trotzdem ist der Planet noch so schön.

Schon im Alten Testament steht: **Hos4.6 Mein Volk kommt um, weil ihm die Erkenntnis fehlt.**

Einige junge Menschen sagen etwas überheblich: „Ich bin Gott." Wobei bei dieser Antwort sogar etwas Wahrheit dabei ist, denn Gott möchte in uns leben. Aber ich weiß ganz sicher, ich bin nicht der Vater oder Jesus Christus.

Verstehen Sie Gott als persönlich, mit Eigenschaften wie Liebe, oder unpersönlich, nur als eine Kraft?
Eine knappe Mehrheit entscheidet sich doch noch für einen persönlichen Gott. Diese Frage kommt den Esoterikern mit ihrem unpersönlichen Gott entgegen.

Glauben sie, dass es Satan gibt?
Wird von etwa 65% in der Körpersprache identisch mit einem **entsetzten** "Nein" beantwortet, worauf sofort der Zusatz kommt: Naja, das Böse gibt es schon.
Die moderne katholische Kirche hat den Teufel abgeschafft. Und der freut sich als Herrscher dieser Weltzeit (**2.Kor 4.4**) darüber, dass er unbemerkt und ungestört in der Politik, in den Massenmedien, in der ganzen Welt agieren kann. Eine Frau hat ehrlich gesagt: Diese Frage möchte ich nicht beantworten, das beunruhigt mich zu sehr. Die Menschen wissen nicht, dass sie im Namen Jesu Christi Autorität über den Teufel haben und ihn in die Schranken weisen können. Wir sollen sogar im Namen Jesu Christi die Werke Satans zerstören.

Was glauben sie über Jesus Christus? (Hier sage ich noch persönlich dazu, der für unsere Schuld gestorben ist, damit wir wieder Zugang zu Gott bekommen)
Diese wichtigste Frage, die unser Leben jetzt und in Ewigkeit beeinflusst, wird von der Mehrheit mit guter Mensch und Prophet beantwortet. Nicht wenige sagen sofort: Messias nicht. Aber bei den meisten merkt man hier eine Betroffenheit und ehrliches Nachsinnen und Überlegen.

Ich gebe dann zu bedenken: Wenn ich behaupte, ich wäre der Messias, (eine gewaltige Aufgabe, die Menschheit zu erlösen) und kann diese

Aufgabe nicht erfüllen, dann bin ich der größte Scharlatan und Lügner. Wenn ich es selber glaube, bin ich reif für die Psychiatrie. Dort gibt es wahrscheinlich einige, die glauben, der Messias zu sein.

Jesus hat immer behauptet: Ich bin der Messias. Er war jetzt entweder wirklich der Messias, oder er war der größte Scharlatan und Lügner, dazwischen gibt es nichts.

Die meisten Menschen haben aber ihre eigene Vorstellung von Jesus als missverstandenen, gescheiterten Sozialrevolutionär oder Reformer und Religionsgründer oder sonst irgendetwas. Einige stellen sogar die simple Schutzbehauptung auf: Den hat es nie gegeben, der ist nur eine Erfindung der Kirche, obwohl es einige außerbiblische Zeugnisse über Jesus Christus gibt.

Gibt es für sie den Heiligen Geist?

wird zu etwa 50% mit Ja und mit 50% Nein beantwortet, wobei fast alle Befürworter ehrlich eingestehen, nur aus Tradition Ja zu sagen, aber noch nie eine Erfahrung mit dem Heiligen Geist gemacht zu haben.

Das ist leider in unserem noch katholischen Land eine traurige Tatsache. Fast keiner hat Erfahrungen mit dem Heiligen Geist, obwohl uns Jesus zugesagt hat: **Joh 14.26 Der Beistand aber, der Heilige Geist, den der Vater in meinem Namen senden wird, der wird euch alles lehren und euch an alles erinnern, was ich euch gesagt habe.**

Was bedeutet für sie das Evangelium?

Das Evangelium wird von etwa 50% mit den Büchern der Evangelisten verwechselt und mit „Bibel" beantwortet.

„Gute Nachricht", „Frohe Botschaft" ist die wörtliche Übersetzung von „Evangelium". Aber nicht alles in der Bibel ist eine gute Nachricht. Es stehen dort auch schlechte Nachrichten.

Strenggläubige Katholiken reagieren eher beleidigt, wenn ich erkläre, dass das Evangelium die zentrale Frohbotschaft des Neuen Testaments bedeutet. Jesus Christus hat alles getan, damit wir ein Leben in der Fülle führen können. Er hat sogar sein Leben für uns geopfert. Wir müssen das nur glauben und können so das göttliche Leben mit höchster Qualität empfangen.

Paulus wurde für das Verbreiten dieser frohen Botschaft von den Religiösen verfolgt und sogar einmal gesteinigt. Daher sagt er auch in **Gal 1.7 Doch es gibt kein anderes Evangelium, es gibt nur einige Leute, die euch verwirren und die das Evangelium Christi verfälschen wollen. Gal 1.8 Wer euch aber ein anderes Evangelium verkündigt, als wir euch verkündigt haben, der sei verflucht, auch wenn wir selbst es wären oder ein Engel vom Himmel.**

Für 25% der Befragten bedeutet das Evangelium nur einen Mythos und ein Märchen.

Etwa 25% geben „Erlösungswerk Jesu Christi" als Antwort, wobei ich vorher noch ergänzt habe: Der unsere Schuld getragen hat, damit wir wieder Zugang zu Gott haben.

Nur 12,5% der Menschen, also jeder Achte glaubt in unserem sogenannten christlichen Abendland, dass Jesus Christus der Messias ist **und** das Evangelium das Erlösungswerk Christi bedeutet. Und das in einem Land, das vor kurzem noch zu über 80% katholisch war.

Zu diesen 12,5% sage ich dann:

Gratuliere, sie haben es geschafft, sie sind ein Kind Gottes. Eine größere Karriere kann man nicht machen.

Das zaubert immer ein freundliches Lächeln in das Gesicht der Menschen.

Du musst von neuem geboren werden

Diese Neugeburt unseres Geistes, also ein Kind Gottes zu sein, ist für uns das wichtigste Ereignis in dieser Welt. Neugeburt bedeutet aber etwas vollkommen anderes als Reinkarnation oder Auferstehung.
Die Bibel sagt uns, wer in seinem Herzen glaubt, dass Jesus Christus der Messias ist und dass er von den Toten auferstanden ist, und wer Jesu Geist als seinen neuen Leiter und Herrn in sein Leben einlädt und diesen Glauben öffentlich bekennt, dessen Geist ist von neuem geboren. Wir sind dann Mitglied in der Familie Gottes. Gott ist unser Vater und Jesus unser älterer Bruder.

Viele Menschen entgegnen dann: Das kann doch nicht so einfach sein.
So wie die natürliche Zeugung eines Babys nicht schwierig ist, aber das Ergebnis, ein Neugeborenes, das größte Wunder darstellt, das der Mensch nie alleine vollbringen könnte, so ist die Neugeburt unseres Geistes noch einfacher, aber im Endeffekt das absolut größte Wunder. Dieses geistige Wunder kommt nicht durch eine äußere Handlung zustande, sondern nur durch unseren Glauben.

Im Gespräch zeigt sich aber immer schnell, auch diese 12,5% sind nur Babychristen, die noch viel Fürsorge und Unterstützung bräuchten.
Ein neu geborenes „Baby" im Reich Gottes sollte dann, wie im natürlichen Leben, feste Speise zu sich nehmen und wachsen, bis es mündig wird und Autorität ausstrahlt. **1.Kor 3.2 Milch gab ich euch zu trinken statt fester Speise; denn diese konntet ihr noch nicht vertragen.**
Mt 4.4 ... Der Mensch lebt nicht nur von Brot, sondern von jedem Wort, das aus Gottes Mund kommt.

Nur wer mündig und erwachsen ist, kann die Werke des Vaters vollbringen. Gott gibt uns Kraft und Autorität, hier auf Erden ein göttliches Leben zu führen. Wir können Gott nichts geben, außer dass wir in dieser Welt als würdige Söhne seine Botschafter sind, sein Reich repräsentieren und das Evangelium, die Frohe Botschaft von der Auferstehung Christi, in der Tat leben. Wir sollen dann nach **Joh 14.12** im Namen Jesu größere Werke tun, als Jesus sie getan hat.

Ich bin bei keinem Verein und keiner Kirche oder Religionsgemein-schaft. Ich möchte die Leute nicht manipulieren und habe nicht das Ziel, sie für irgendeine Organisation zu gewinnen.

Diese Umfrage ist mein wöchentlicher Gottesdienst, der mich erbaut. Immer wieder gibt es Menschen, die positiv berührt werden und ihr Herz ausschütten. Die vielen positiven Reaktionen geben mir Freude.
Ich höre immer wieder: danke für das interessante Gespräch, das nette, angenehme Gespräch, super, danke für den Input, das war ein interessantes Thema oder danke für den Einblick in ihre Welt, das regt zum Nachdenken an. Vielen Dank für das Ansprechen, ich war anfangs sehr skeptisch. Ich bin nicht schwul, aber ich möchte sie aus Dankbar-keit umarmen oder sie haben mich schon vor einem Jahr angespro-chen, das war sehr schön, sie haben mich so gesegnet. Ein alter Mann hat sich gefreut, dass er noch ein so schönes Gespräch hat führen dür-fen. Einige erzählen mir von ihrer übernatürlichen Erfahrung oder ei-nem Nahtoderlebnis, das sie bis jetzt niemand aus Furcht sich lächer-lich zu machen anvertraut haben.
Ich spüre dann: **Mt 18.20 Denn wo zwei oder drei in meinem Namen ver-sammelt sind, da bin ich mitten unter ihnen.**

Christentum ist keine Religion, keine Organisation, sondern „ekklesia",
meist fälschlicherweise mit Kirche übersetzt,
ist die Versammlung der Gläubigen, die keinen Priester und weltlichen König braucht.

Christentum ist etwas Lebendiges, keine tote Organisation.
1.Petr 2.5 Lasst euch als lebendige Steine zu einem geistigen Haus auf-bauen, zu einer heiligen Priesterschaft.
1.Kor 12.27 Ihr aber seid der Leib Christi und jeder Einzelne ist ein Glied an ihm.
Kol 1.18 Er ist das Haupt des Leibes, der Leib aber ist die Kirche. (ekklesia)
Phil 2.3 ... in Demut schätze einer den andern höher ein als sich selbst.
Phil 2.4 Jeder achte nicht nur auf das eigene Wohl, sondern auch auf das der anderen.
Joh 17.23 ... ich (Christus) in ihnen und du (Gott) in mir. So sollen sie voll-endet sein in der Einheit, damit die Welt erkennt, dass du mich gesandt hast und die Meinen ebenso geliebt hast wie mich.

Wer nachstehendes Gebet im ehrlichen Glauben sprechen kann, hat es geschafft. **Dieser Mensch ist ein Kind Gottes**, ein neues Mitglied in der Familie Gottes:

Danke, Vater Gott, dass du in deiner bedingungslosen Liebe deinen Sohn in diese Welt gesandt hast.
Jesus, die Liebe, ist in diese Welt gekommen und hat aus Liebe all unsere Schuld bezahlt.
Ich nehme dieses Geschenk dankbar an.

(Wer das aus tiefstem Herzen glauben kann, sollte dieses Geschenk bewusst annehmen und laut für die sichtbare und unsichtbare Welt aussprechen.)
„Ich nehme dieses Geschenk dankbar an!"

Ich möchte diese Liebe näher kennen lernen. Jesus, komm in mein Herz, damit diese Liebe in meinem Leben regieren kann. Ich glaube, dass die Liebe den Tod überwunden hat und auferstanden ist.
Durch diesen Glauben bin ich aus der Liebe geboren, von neuem geboren, aus Gott geboren.
Ich bin ein Teil der Liebe, ein Kind Gottes.
Mein Verstand ist damit überfordert, daher bitte ich dich, Heiliger Geist: „Offenbare mir diese Wahrheit immer mehr!"

(Wer auch das aus tiefstem Herzen glauben kann, sollte um diese Offenbarung bitten und es aussprechen.)
„Ich bitte dich, Heiliger Geist, offenbare mir diese Wahrheit immer mehr!"

Gott hat mich in seiner bedingungslosen Liebe als Sünder geliebt, um wieviel mehr liebt er mich jetzt, als sein Kind. Ich habe jetzt das Leben in der Fülle empfangen.

Zukünftige Entwicklung

So wie im Islam der Vorislam, die tolerante Zeit Mohammeds in Mekka, im Jahr 622 vom kämpferischen Vollislam abgelöst wurde und damit erst die offizielle Zeitrechnung des Islam begann, wurde 33 n. Chr. der Alte Bund der Juden durch einen besseren Neuen Bund mit Christus ersetzt. (**Heb 8.6+7, 2.Kor3.14**)

Im Islam hat sich die Qualität der Lehre von der Toleranz zum Jihad mit Mord, Vergewaltigung und Versklavung gewandelt (Abrogation). Islamgelehrte sind sich einig, dass der später geoffenbarte Schwertvers Sure 9.5 die frühen toleranten Verse abrogiert habe.

Realitätsverweigerer glauben noch immer: IS, Al Kaida Taliban, Hamas, Boko Haram, Hisbollah, Wahabiten, Salafisten, Moslembrüder, Al-Shabaab-Miliz, Al-Aksa ... usw., der Koran, das kriegerische Vorbild Mohammeds und die 1400-jährige Geschichte des Islam, das habe alles nichts mit dem Islam zu tun. Der Islam sei eine friedliche Religion.
Für die linke Love-Maker-Generation wird es bald ein bitteres Erwachen aus einer Illusion geben.

Die christliche Lehre wurde genau gegenteilig zum Islam vom brutalen „Aug um Aug" des Alten Bundes zum „liebet eure Feinde" im Neuen Bund verändert.

Leider wird immer noch die katholische Kirche als Repräsentant für das Christentum betrachtet, obwohl sie die Tradition der Kirche über die Autorität der Aussagen Jesu Christi im Neuen Bund stellt.

Der Alte Bund war nie mit Heiden oder Christen geschlossen, sondern nur mit den Juden. Trotzdem lebt die katholische Kirche mit ihrem Priestertum, den Messopfern und Ritualen teilweise im Alten Bund. Auch evangelische und freikirchliche Reformer haben die Aussagen

Jesu Christi nie konsequent befolgt und den Alten Bund immer gleichwertig neben den Neuen Bund gestellt.

In der Bibel ist aber mehrmals zu lesen: Der Alte Bund ist von einem besseren Bund abgelöst worden (**Heb 8.7, 2.Kor 3.14**). Christus ist das Ende des Gesetzes (**Röm 10.4**).

Das Problem des geschriebenen Wortes

Wo die geistige Kraft fehlt, wird mit akademischer Wichtigtuerei über Urevangeliumshypothese, Zweiquellentheorie, Hermeneutik und höhere Bibelkritik das Evangelium in kleinste Teile zerlegt, aus denen man die Frohe Botschaft nicht mehr erkennen kann.

Zusätzlich ergeben sich bei der Übermittlung von übernatürlichen Wahrheiten durch ein Buch einer Offenbarungsreligion grundsätzlich drei Probleme:

- Eine übernatürliche Wahrheit kann schwer in irdische Worte gefasst werden.

Der Geist ist immer schöner, komplexer und vollkommenerr als die Realität in unserer gefallenen Schöpfung.

Z.B. konnte einer blind geborenen Frau durch eine Operation und ein Implantat das Augenlicht geschenkt werden. Das Ergebnis war eine große Enttäuschung für die Frau. Sie hatte sich die Welt viel schöner vorgestellt.

2.Kor 3.6 Er hat uns fähig gemacht, Diener des Neuen Bundes zu sein, nicht des Buchstabens, sondern des Geistes. Denn der Buchstabe tötet, der Geist aber macht lebendig.

- Unsere Psyche, wörtlich übersetzt, die Seele, bereitet uns ein weiteres Problem.

Beim Lesen und Hören nimmt jeder nur das auf, wofür er Resonanz hat. Einer selektiven Wahrnehmung der Realität kann sich keiner entziehen. Z.B. unter dem Wort HUND versteht keiner die vier Buchstaben, sondern die eine stellt sich einen lieben Schoßhund vor und der andere einen gefährlichen Kampfhund.

Alles, was uns und unsere Meinung ablehnt, wird sofort ausgefiltert und prallt ab. Jeder lebt in seiner eigenen Welt und Matrix, die zum Gefängnis werden kann. Diese Matrix baut sich jeder selber, aber jeder ist frei, dieses Gefängnis durch metanoia = Umdenken, meist fälschlich als „Buße tun" übersetzt, zu verlassen.

Schiller sagte auch: Der Mensch ist frei geschaffen, ist frei, und würd' er in Ketten geboren ...

- Letztlich stellt eine zunehmende Offenbarung ein Problem dar.

Jesus sagte: **Joh 16.12 Noch vieles habe ich euch zu sagen, aber ihr könnt es jetzt nicht tragen.**

Diese schrittweise Enthüllung des Erlösungsplanes ist in einer zunehmenden Offenbarung vom Alten Testament zum Neuen Testament zu lesen.

Im **Alten Testament** möchte der Gott Israels seinem widerspenstigen Volk ein erfülltes Leben schenken und offenbart ihm die endgültige Erfüllung seiner Heilsversprechen im kommenden Messias.

Das **Neue Testament** berichtet uns von der Ankunft und vom vollbrachten Erlösungswerk des Messias. Gott Vater möchte jetzt im Namen Jesu Christi durch den Heiligen Geist in allen Menschen leben und so den Menschen das Leben in der Fülle, das übernatürliche göttliche Leben, schenken.

Dieses Leben bekommen wir nicht, wenn wir genau wissen, wie dieses Konzept Vater, Sohn und Heiliger Geist funktioniert, indem wir die Bücher genau studieren und die erfahrbaren Kräfte analysieren, sondern indem wir in Liebe Gott vertrauen.

1.Kor 1.21 Denn da die Welt angesichts der Weisheit Gottes auf dem Weg ihrer Weisheit Gott nicht erkannte, beschloss Gott, alle, die glauben, durch die Torheit der Verkündigung zu retten.

Im Christentum offenbart sich Gott endgültig in einer Person, Jesus Christus, der die Menschen bedingungslos liebt und sie mit seinem Geist und seiner Kraft und Energie erfüllen möchte.

Im Islam manifestiert sich Allah in einem sogenannten heiligen Buch, das ewig gültig und unveränderbar ist, in einer Sprache, die alle Auslegungsvarianten von barmherzig bis grausam zulässt.

Christus in uns

Die Zeit ist reif dafür, dass die Bibel nicht mehr relativiert wird, weil die „Gute Nachricht" unser menschliches Vorstellungsvermögen zu weit übersteigt. Immer mehr Prediger wagen es, das zu verkünden, was in der Bibel wörtlich steht:
Wer an das Erlösungswerk Jesu Christi glaubt, ist eine neue Schöpfung. Er ist aus Geist, aus Gott, geboren und sein inneres Sein ist wie Gott, ewiges Leben, herrliches Sein. Wie im Natürlichen, pflanzt sich alles nach seiner Art fort. Ein Sohn oder eine Tochter Gottes hat die gleiche Natur wie der Vater und ist Teilhaber am göttlichen Leben.

Das ist das Geheimnis, das am Ende der Zeit geoffenbart wird: Christus in uns, Gott im Menschen. **Kol 1.27 Ihnen wollte Gott zu erkennen geben, was der Reichtum der Herrlichkeit dieses Geheimnisses unter den Nationen sei, und das ist: Christus in euch, die Hoffnung der Herrlichkeit.** (Luther, Elberfelder, in jeder guten Übersetzung; nur in der katholischen Einheitsübersetzung und der Neue-Welt-Übersetzung der Zeugen Jehovas etwas anders übersetzt)

Gal 3.26 Ihr seid alle durch den Glauben Söhne Gottes in Christus Jesus.
1.Kor 15.45 ... Der erste Mensch, Adam, wurde zu einer lebendigen Seele, der letzte Adam zu einem lebendig machenden Geist.

Den Menschen wird richtig bewusst werden, was es bedeutet, Sohn oder Tochter Gottes zu sein.

Röm 8.29 ... damit dieser (Jesus) **der Erstgeborene von vielen Brüdern sei.**
Den Religiösen ist dieser Vers zu gefährlich, daher machen sie einen Einziggeborenen daraus. Das Kommen Christi war und das Offenbarwerden Christi in uns ist eine Kampfansage an die Kräfte des Bösen.

Religion bedeutet: über Gott etwas im Verstand zu wissen, Gott in der Theologie zu studieren.

Reich Gottes bedeutet: als Sohn oder Tochter Gott persönlich kennen und sein Wirken und seine Wunder praktisch im Alltag erleben, weil Christus in mir lebt. Ich bin eins mit dem allmächtigen Gott. Das ist keine Blasphemie, sondern das Wort Gottes. Es kann nicht sein, dass bei diesem Bewusstsein eine Zelle meines Körpers krank bleibt. Ich kann ein übernatürliches Leben führen. Ich brauche nichts und niemanden fürchten. Wer kann gegen mich sein, wenn Gott für mich ist?
In Christus herrsche ich über jeden Geist und über meine Seele und meinen Körper. Ich bin frei, gerechtfertigt, und niemand kann mich anklagen. Das Reich Gottes ist bereits angebrochen, aber vollendet wird es in der großen Heimholung am Ende des Kirchenzeitalters.

Gott ist Liebe und Geist. Alles außerhalb von Gott ist der Teufel. Der Geist macht lebendig, frisch, schön, gesund und stark. Das Fleisch nützt nichts (**Joh 6.63**). Unter Fleisch wird Seele (Denken, Fühlen und Wollen) und Körper verstanden. Der Buchstabe tötet (**2.Kor 3.6**). Ein Buch ohne guten Geist ist tödlich.

Die Seele braucht Energie, um existieren zu können. Die Menschen motivieren sich mit Ehrgeiz, Angst und Gier, Gott aber sagt: „**Lass dich nur von Liebe motivieren. Das ist das einzige Gebot!"**
Gott liebt mich bedingungslos. Gott hat mich bereits als Sünder geliebt, um wieviel mehr liebt er mich jetzt als sein Kind.

Alles wird mir zum Besten dienen.

Die meisten christlichen Leiter haben ein Charisma dafür, Menschen zu beeinflussen, kennen aber das Evangelium nicht wirklich. Sie geben ihrer Gemeinde nicht den Geist, der in die Freiheit führt, sondern das Gesetz, und damit den Tod.

1.Kor 1.30 Von ihm her seid ihr in Christus Jesus, den Gott für uns zur Weisheit gemacht hat, zur Gerechtigkeit, Heiligung und Erlösung.

1.Kor 3.17 Wer den Tempel Gottes verdirbt, den wird Gott verderben. Denn Gottes Tempel ist heilig, und der seid ihr.

Gal 2.20 ... nicht mehr ich lebe, sondern Christus lebt in mir.

Joh 17.20-23 ... für alle, die durch ihr Wort an mich glauben. Alle sollen eins sein: Wie du, Vater, in mir bist und ich in dir bin, sollen auch sie in uns sein, damit die Welt glaubt, dass du mich gesandt hast. Und ich habe ihnen die Herrlichkeit gegeben, die du mir gegeben hast; denn sie sollen eins sein, wie wir eins sind, ich in ihnen und du in mir. So sollen sie vollendet sein in der Einheit.

Ich würde jedem empfehlen, einmal kurz inne zu halten und diese Verse im Geist, nicht im Verstand aufzunehmen.

– – – – – – –

Diese Verse sind so unmissverständlich, so gewaltig und übersteigen meinen Verstand. **Gott, der Schöpfer des Himmels und der Erde, lebt in mir.** Bei dieser Botschaft kann niemand einfach zur Tagesordnung übergehen. Das sprengt alle Traditionen und religiösen Vorstellungen. Leider werden diese Verse meist nur mit dem Verstand gelesen, ohne das gewaltige Potenzial dahinter zu erkennen. Die Seele, also der Verstand, kann diese Wahrheit nicht fassen. Sie versteht anstatt „ich bin ein Kind Gottes": „ich muss eines werden", anstatt „Christus lebt in mir": „ich werde einmal mit Christus Gemeinschaft haben."

Die Seele, der menschliche Teil, versteht immer: Ich muss besser werden, ich muss etwas tun, alles wird in der Zukunft geschehen. Aber Geist ist immer jetzt, im Augenblick, wenn das „Ich bin" zum Bewusstsein wird.
Unabhängig davon, ob ich Gott jetzt richtig spüre, mich korrekt verhalte oder gerade etwas enttäuscht bin, lebt der Geist Gottes, der Heilige

Geist, der Geist Christi, die Liebe, in mir - wenn ich daran glaube und ihn eingeladen habe.

Ich würde jedem Menschen empfehlen, diese Botschaft vorerst einmal zu glauben und darüber nachzusinnen, sie zu reflektieren und darüber zu meditieren.

Wer bin ich, wenn Christus in mir lebt?

Es ist eine geistige Botschaft und hat mit der katholischen Vorstellung, dass Jesus in der Hostie körperlich vorhanden ist, nichts zu tun.
Der Geist führt uns in die Wirklichkeit, in das Jetzt, dass in diesem Moment in mir eine neue Natur herrscht. Mein Innerstes ist Gott pur, nichts als Liebe. Mein Sein ist ausschließlich Liebe. Dafür bin ich, also mein Geist, extra neu geboren worden.

Diese Botschaft kann ich entweder ablehnen oder mit Be **GEIST** erung annehmen. Was sollte da noch schief gehen in meinem Leben! Ich, ein Kind Gottes, in dem die Natur Gottes, die Liebe lebt, die Kraft des Universums! Wenn „Christus in mir" zum Bewusstsein wird, nicht nur zum Wissen im Verstand, kann kein Mensch der Alte bleiben.

In meiner menschlichen Hülle wohnt Gott. Jetzt bin ich ein Geist aus Gott. Gott ist zu meinem Wesen geworden. Mein Leben ist sicher. Keine Krankheit, nichts Schlechtes kann sich bei diesem Bewusstsein halten. Mich gibt es nur für die Liebe, für Gott. Ich bin unsterblich, ich habe es geschafft. Ich bin ein himmlisches Energiewesen. Das sprengt tatsächlich alle Grenzen und Vorstellungen.

Die Bibel lässt uns aber nicht im Unklaren: Es kommt noch eine Schreckenszeit, wie sie die Welt noch nie erlebt hat über die Menschheit, die sich jetzt bereits abzeichnet. Jesus wird wieder kommen und eingreifen, bevor sich die Menschen selber ausrotten. Er wird Frieden schaffen in einer Welt, die sich sonst vernichtet. Die ganze Welt wird Jesus begegnen.

Zu seinen Kindern sagt Gott aber ständig: „Fürchtet euch nicht! Freut euch zu jeder Zeit!"

Der Großteil der Menschen will aber nicht auf seinen Schöpfer hören, teilweise auch, weil sie von den Religionen so enttäuscht sind. Sie glauben unabhängig von Gott, den sie mit Religion gleichsetzen, ein besseres Leben zu führen.

Ein Leben ohne religiöser Manipulation ist tatsächlich angenehmer. Aber ohne Gott wird dem Geist Satans Tür und Tor geöffnet, ohne dass es die Menschen vorerst merken.

Israel und die Endzeit

Die Bibel ist auch ein zuverlässiges prophetisches Buch, und Israel ist der Zeiger auf der Weltuhr Gottes.

Die Geschichte Israels ist eines der aufregendsten Kapitel der Menschheitsgeschichte. Ägypter, Syrer, Assyrer, Babylonier, Griechen und Römer kämpften gegen Israel. Jeder große Kampf Israels, ob Sieg oder Niederlage, wurde von einer langen Reihe von Propheten vorhergesagt, angefangen von Mose, Jesaja, Jeremia, Ezechiel, Daniel, Amos, Hosea, Micha, Haggai und Sacharja bis Jesus.

Wenn die Propheten fähig waren, Zerstörung, das Leid, die Vertreibung und die unvorstellbare Wiederherstellung bis in alle Einzelheiten genau vorherzusagen, so werden sich auch noch die wenigen offenen Prophezeiungen erfüllen.

Daniel wurde es offenbart, dass nach der Ablehnung des Messias Jerusalem zerstört wird. Mose sagte voraus, dass das Volk wegen dieser Ablehnung über die ganze Welt zerstreut wird. Jesaja, Jeremia, Hesekiel und Amos sprechen von einem großen weltweiten Exil und der vollständigen Vernichtung des jüdischen Staates. Vor seiner Kreuzigung trauerte Jesus über die Zerstörung Jerusalems. 70 nach Christus hat sich diese Prophetie erfüllt. Über eine Mio. Juden kamen bei der Belagerung Jerusalems ums Leben. 100 000 wurden als Sklaven in die ganze Welt verkauft.

Bereits Mose sagte diese Zerstreuung unter alle Völker in **5. Mose 28.64** vor dem Einzug in das Gelobte Land voraus. 1900 Jahre war das Land, in dem „Milch und Honig" floss, verwüstet, denn seit der Kreuzigung Jesu hörten Früh- und Spätregen auf. Das Land versandete. Die Araber betrieben keinen Feldbau, sondern weideten das Land lieber durch ihre Herden ab. Die Türken rodeten dann wegen einer hohen Baumsteuer die Bäume und pflanzten keine neuen mehr. Das Land wurde wirklich zur Wüste, wie es in **5. Mose 29.21-28** beschrieben ist.

In den Jahren 1901 und 1902 setzen Früh und Spätregen wieder ein. Der Grundwasserspiegel stieg stellenweise über zehn Meter. Der Boden kann wieder urbar gemacht werden. Getreide wird angebaut. Zitrusplantagen entstehen. Gebiete in der Wüste können aufgeforstet werden. Durch die Anpflanzungen werden Klima und Niederschlagsmengen günstig beeinflusst. Geologen sprechen von einem geologischen Wunder. Das Land bereitet sich vor, eine größere Volksmenge aufzunehmen und zu ernähren.

In der ganzen Weltgeschichte gibt es kein ähnliches Beispiel, dass ein Volk nach fast 2000 Jahren Vertreibung und Zerstreuung an der Stelle seiner Auslöschung wieder einen Staat gründet, die vergessene tote Sprache wieder erlernt, die Wüste zum Blühen bringt und seine Geschichte fortsetzt. Und alles war durch eine lange Kette von Propheten vorhergesagt. Ein Beobachter aus unserer Zeit könnte das derzeitige Geschehen in Israel nicht genauer beschreiben als **Ezechiel 36.33-38** vor zweieinhalbtausend Jahren.

Nenne mir einen Gottesbeweis, fragte der Preußenkönig Friedrich der Große seinen Leibarzt spöttisch. Die Juden, antwortete ihm dieser schlagfertig. An Israel kann man das Wirken Gottes sehen, man muss es nicht glauben. Für unseren Intellekt gibt es nur zwei Gottesbeweise: die Werke der Schöpfung und die Geschichte Israels.

Israel hat nicht nur eine bewegte Vergangenheit und Gegenwart, sondern nach **Röm 11.1-12** auch eine wunderbare Zukunft. Israel ist als auserwähltes Volk nicht für ewig von Gott verdammt. Nicht Palästina oder das Heilige Land, sondern Israel ist Volk Gottes, sein Werkzeug, um die Menschen zu erreichen.

Leider hat Israel immer wieder versagt und ist jetzt noch geistlich tot. Daher sollten die „eingepfropften Reiser" den „Stamm des Ölbaums" am Leben erhalten. Im Garten Getsemani stehen noch acht alte Ölbäume aus der Zeit Jesu Christi, die nur durch die immer wieder eingepfropften Reiser so lange überleben konnten.

Die Wiederherstellung Israels können wir momentan live beobachten. **Ez 36-39** spielt sich derzeit vor unseren Augen ab. **Sach. 14** wird bald Realität werden.

Satan wendet alle Energie auf, um Israel zu vernichten, und mit der ganzen Welt und den Religionen will er verhindern, dass Israel wieder aufgebaut wird und blüht. Denn wenn Israel wiederhergestellt ist und die Juden vom Norden und Süden wieder in ihr Land zurückgeführt werden, kommt Jesus Christus auf die Erde zurück. Erst 2012 wurde der als verschollen geglaubte Stamm Manasse in Manipur, Indien, entdeckt und nach Israel zurückgeführt.

Auch das Schicksal der unmittelbaren Feinde Israels ist in **Jesaja 19** vorhergesagt. Wobei am Ende Gott in seiner Barmherzigkeit auch Ägypten, das in jüngster Vergangenheit drei Kriege gegen Israel anführte, und Assur segnet. In **Jesaja 62** wird Israel eine herrliche Zukunft verheißen.

Die Feste des alten Israel, die drei Hauptfeste in **2. Mose 23.14-17,** sind eine Vorschau auf das Kommende, das sich in Jesus Christus erfüllt.

- **Passa** hat sich durch das Lamm Gottes auf Golgatha erfüllt.
- Das **Fest der Ernte der ersten Früchte** hat sich zu Pfingsten erfüllt.
- Die Erfüllung des **Laubhüttenfestes**, der Haupternte, steht noch aus und wird sich beim zweiten Kommen Jesu erfüllen.

Interessant sind auch noch die kleinen Feste unmittelbar vor dem Laubhüttenfest. Das **Blasen der Posaunen, 3. Mose 23.24+26** 14 Tage vor dem Laubhüttenfest, das **Versöhnungsfest** und das **Verriegelungsgebet** als Gedenken an das Verschließen der Tür der Arche.

Tag und Stunde des zweiten Kommens Jesu Christi wissen wir nicht, auch nicht das Jahr, aber den Monat Oktober kennen wir.

Mit der Rückkehr Israels und seiner Staatsgründung 1948 ist das Ende des Kirchenzeitalters angebrochen und die Bühne für die Wiederkunft Jesu errichtet. Der Vorhang ist wieder geöffnet. Der Hauptakteur ist Israel. Die Regierungen der Welt müssen zu dem kleinen Staat Israel Stellung nehmen: „Sind sie für Israel oder gegen Israel?"

Das alte Jerusalem wurde von den Juden 1967 im 6-Tage-Krieg wieder erobert. Die Bibel sagt uns, der alte Tempel wird an seiner ursprünglichen Stelle wieder aufgebaut werden. Die Vorbereitungen und Planungen dazu sind bereits angelaufen und auch die Muslime können es nicht verhindern.

Wie sich die Prophezeiungen in der Bibel über Israel und den leidenden Messias exakt erfüllt haben, so werden sich auch die Vorhersagen über den triumphierenden Messias erfüllen. Die Bibel liest sich allerdings zu dieser Endzeit des Kirchenzeitalters wie ein Sience-Fiction-Roman: Die Gläubigen werden, wie Enoch im Alten Testament vor der Flut, vor der Trübsal entrückt.

1.Kor 15.51 Ich enthülle euch ein Geheimnis: Wir werden nicht alle entschlafen, aber wir werden alle verwandelt werden – plötzlich, in einem Augenblick, beim letzten Posaunenschall. 1.Thes 4.16-17 Denn der Herr selbst wird vom Himmel herabkommen, wenn der Befehl ergeht, der Erzengel ruft und die Posaune Gottes erschallt. Zuerst werden die in Christus Verstorbenen auferstehen; dann werden wir, die Lebenden, die noch übrig sind, zugleich mit ihnen auf den Wolken in die Luft entrückt, dem Herrn entgegen.

In der Vergangenheit hat es drei Entrückungen gegeben. Enoch, Elija und Jesus wurden lebendig in den Himmel aufgenommen.

Schon in der sechstägigen Schöpfungsgeschichte ist der Zeitplan Gottes für die Erdenpacht des Menschen festgeschrieben. Am Ende des sechsten Tages war es sehr gut. Das heißt, dass der Leib Christi, die Gemeinde, noch vollkommen dargestellt werden wird. Der Zeitablauf wird in vielen Stellen des Alten und Neuen Testaments prophetisch bestätigt. Ein Schlüssel dazu ist

2. Petrus 3.8 ... dass beim Herrn ein Tag wie tausend Jahre sind.

Von Adam bis Abraham waren es 2000 Jahre. Von Abraham bis Jesus vergingen 2000 Jahre. Und wir sind jetzt am Ende der 2000-jährigen Kirchengeschichte.

Mit der Kreuzigung Jesu endete die 69. Woche nach Daniel, und die 2000-jährige Kirchengeschichte begann. Die Juden haben das Erlösungswerk Jesu Christi zurückgewiesen und damit Gott abgelehnt. Die Zeit der Juden wird erst am Ende der Kirchengeschichte, wenn die Gemeinde vollkommen dargestellt ist und entrückt wurde, mit der 70. Woche Daniels, der Trübsalszeit, weiterlaufen.

Gott wird seinen Leib, die Gemeinde, in der Entrückung lebendig in den Himmel holen, um sie vor dem Schrecken, den der Antichrist verursachen wird, zu bewahren. Gott möchte auch nicht, dass sich seine Kinder wegen der Ereignisse, die das Ende des Kirchenzeitalters begleiten, ängstigen. Er wird sie behüten und beschützen.

Die Menschen, die sich in der Trübsalszeit bekehren, dürfen nicht mit den Christen, die vorher entrückt worden sind, verwechselt werden. Zum Beispiel sind die Gebeine Josephs, die Geschichte Lots oder das Gleichnis von den zehn Jungfrauen Sinnbilder für den Überrest Israels, der in der Trübsalszeit oder auch „Jakobs Not" genannt, gerettet wird. In dieser Zeit ist der Leib Christi bereits in den Himmel entrückt.

Das Gleichnis vom barmherzigen Samariter oder die Verklärung Jesu auf einem hohen Berg sind Gleichnisse für die Entrückung der Gemeinde, des Leibes Christi.

Jesus sagt, Tag und Stunde weiß keiner, aber an den Zeichen der Zeit werdet ihr es erkennen, wann es geschehen wird. Der Entrückung gehen Geburtswehen voraus. Die großen Kirchen und Namenschristen werden eine laue Haltung einnehmen. **2.Tim 3.5 Den Schein der Frömmigkeit werden sie wahren, doch die Kraft der Frömmigkeit werden sie verleugnen.**

Religiosität wird toleriert und gefördert werden, aber eine mit Zeichen und Wunder begleitete Verkündigung des Evangeliums wird geleugnet und behindert werden. Das Herz und der Sinn der Menschen werden wie in den Tagen Noahs nur vom Natürlichem, dem Materialismus, erfüllt sein. Ein moralischer Verfall wird einsetzen (**2.Tim 3.1-4**).

Die 68er-Revolution hat das Böse und die Sünde gesellschaftsfähig gemacht. Perversion wird zur Normalität erklärt. Die Trennung von Spreu und Weizen (der Gottlosen und der Gerechten) hat bereits begonnen. Sorgt euch um nichts, sagt Gott; er hat die volle Kontrolle über den Trennungsvorgang. **Spr 23.17 Dein Herz ereifere sich nicht wegen der Sünder, sondern eifere stets nach Gottesfurcht.**

Die zerstörerische Eigendynamik in unserem demokratisch-kapitalistischen System ist nicht mehr zu übersehen. Unsere Gesellschaft kommt trotz aller Hilfsmaßnahmen und Programme der Regierungen immer mehr außer Kontrolle. Klimawandel, gehäufte Naturkatastrophen, Finanz- und Wirtschaftskrisen und Zerfall der Familienstrukturen durch Bindungsunfähigkeit sind unübersehbare Vorboten.

Das 20. Jhdt. war das Jahrhundert der Kriege. Jetzt können Massenvernichtungswaffen jeden Staat und jeden Winkel der Erde treffen und sind bereits im Besitz von vielen unberechenbaren Staaten. Die Strukturen des Antichristen werden bereits jetzt für alle sichtbar errichtet. Die Mächte der Finsternis sind deshalb so wütend, weil der Gott der Christen in naher Zukunft für sein Volk etwas Gewaltiges tun wird.

Dämonen und böse Geister können auf dieser Erde nichts tun, wenn sie nicht die Autorität eines Menschen bekommen. Sie müssen den Sinn der Menschen verwirren, um durch Menschen töten, stehlen und verderben zu können.

Wenn die sechs Tage der Schöpfung (6000 Jahre) vorbei sind, an denen dem Menschen Herrschaft auf der Erde gegeben wurde, kann Gott wieder sein Vorhaben durchsetzen. Er wird eine große Salbung auf den Leib Christi legen, wie sie der Mensch vor dem Sündenfall hatte, damit seine Gemeinde, der Leib Christi, vollkommen dargestellt wird.

Die Bibel spricht über fünf törichte Jungfrauen mit leeren Gefäßen und fünf weise, deren Gefäße mit Öl gefüllt sind (**Mt 25. 1-13**). Die entscheidende Frage ist, auf welcher Seite wir stehen möchten! Nicht nur am Negativen, an der Bündelung des Unkrauts, des Bösen, wie es jetzt schon sichtbar ist, sondern auch am Positiven, dem in Autorität auftretenden Leib Christi wird die nahende traumatische Veränderung der Menschheitsgeschichte erkannt werden.

Die geistige Dunkelheit wird zwar immer größer werden, doch das Licht der Christen wird auch immer heller scheinen. Christen werden die Religiosität ablegen und in den Stand der Kinder Gottes eintreten. Den Menschen wird dann wirklich bewusst werden, was Jesus durch sein Erlösungswerk für sie getan hat. Krankheit, Gebrechen und Tod werden vor der Entrückung im Leib Christi keine Chancen mehr haben. Gewaltige Zeichen und Wunder werden durch die mit Heiligem Geist erfüllten Christen geschehen. Sie werden mit Macht und Autorität auftreten. An der Liebe zueinander wird man sie erkennen. Große Menschenmassen werden Jesus Christus als ihren Herrn annehmen und das göttliche Leben empfangen. Bevor der Leib Christi entrückt wird, steht uns eine neue Hochkultur bevor.

In **Offb 6** ist das Ende des Kirchenzeitalters mit der Entrückung des Leibes Christi beschrieben.
Elija und Jesus wussten als Repräsentanten der Gemeinde den Zeitpunkt ihrer Entrückung. Daher werden wir ihn auch rechtzeitig erfahren und die Entrückung nicht verpassen. Da die Aufzeichnungen der vergangenen 6000 Jahre mit Fehlern behaftet war, wissen wir nicht genau, wo wir uns jetzt auf der Zeitskala befinden. **Jesaja 42.9 ... ehe es eintritt, lasse ich es euch wissen.**

In **Offb 8** beginnt dann die Trübsalszeit unter dem Antichristen. Die nachfolgenden Kapitel beziehen sich auf die Trübsalszeit und den Antichristen.
2.Thess 2.7 Denn die geheime Macht der Gesetzwidrigkeit ist schon am Werk; nur muss erst der beseitigt werden, der sie bis jetzt noch zurück hält.
Erst wenn der Leib Christi entrückt ist, kann der Antichrist ungestört seine Macht entfalten.
So wie heute in der Politik meist das Gegenteil von dem plakatiert wird, was tatsächlich beabsichtigt ist, so wird auch der Antichrist mit den Religiösen eine einfache Erklärung für das Verschwinden von Millionen von Menschen bei der Entrückung verbreiten. Er wird behaupten, die bösen Unruhestifter sind von Gott vertilgt worden und jetzt kann endlich der ersehnte Frieden erreicht werden. Das ist dann die verführerische Friedenstäuschung, wie sie in **Dan 8.25** prophezeit ist.

Aber durch die Entrückung wird vielen Menschen auf der Welt klar, dass Jesus Christus der Sohn Gottes ist. Sie werden auch erkennen, dass sie den Weg des Entrinnens aus der Trübsalszeit verpasst haben. In dieser kommenden Drangsalszeit für Israel wird der gläubige Überrest Israels, wie Noah durch die Flut, durch die Trübsal hindurch bewahrt. In dieser Zeit wird Israel wieder der Segensbringer für die Nationen sein. Sie werden mit großem Eifer die Verbreitung des Evangeliums in der ganzen Welt vorantreiben.

In einer neuen Weltordnung wird den zurückgebliebenen Menschen ein Microchip mit der Konto- und Sozialversicherungsnummer implantiert. An der Supermarktkassa kann dann jeder bequem durch eine Handbewegung über den Scanner abbuchen und bezahlen. Milliarden Microchips sind bereits im Tierversuch in Erprobung.

Die Zeit des Antichristen wird laut **Daniel 12** und **Offb 11** nur sieben Jahre dauern. Christen feiern inzwischen sieben Jahre Hochzeitsmahl des Lammes im Himmel (**Offb 19.9**) und kommen nach der Trübsalszeit mit Jesus Christus auf die Erde zurück. (**Sach 14.5, Offb 20.4b**)

In den ersten dreieinhalb Jahren der Trübsalszeit wirken zwei Propheten Gottes für alle Menschen sichtbar gewaltige Wunder auf der Erde, und es ist in **Offb 11.3-14** zu lesen, dass sie getötet werden, aber nach dreieinhalb Tagen lebendig in den Himmel hinauffahren.

Inspiriert von der Unterwelt werden falsche Christusse und ein falscher Prophet aus dem Hause Juda auftreten. Nach **Daniel 11** und **Offb 13** wird der falsche Prophet über eine große Verführungskraft verfügen, mit einer vom Teufel gegebenen Wunder wirkenden Kraft. Er wird die Menschheit in direkten Widerspruch zu Christus und seinem Reich bringen.

Die Bibel sagt weiters, wenn Israel erblüht, werden sich die Völker gegen Israel erheben. Daniel und Hosea prophezeien, dass sich ein mächtiger Feind aus dem Norden, nämlich Persien und Russland, mit den Arabern verbünden wird. Zur gleichen Zeit wird eine große Macht im Osten mit einem riesigen Heer dem Bündnis beitreten (China?). Und im Westen wird ein Reich in den Grenzen des Römischen Reiches entstehen. Aus zehn Nationen wird ein Reich hervorgehen (Kern-EU? auf Basis der römischen Verträge).

Wenn das eintritt, wird der größte Krieg aller Zeiten ausbrechen. In **Ezechiel 38 u. 39** sind bereits im 6.Jhdt. vor Chr. die Auswirkungen einer Neutronenbombe beschrieben. Außerbiblische Prophetien sagen, dass die Menschen glauben, die größte Friedenszeit ist angebrochen, aber plötzlich greift Russland Westeuropa an, was bis zur Ukrainekrise unvorstellbar war. Die Araber mit ihren Verbündeten aus dem Norden und Osten werden bei Meggido im Tal Harmagedon in Israel einfallen. Die Erde wird taumeln wie ein Betrunkener, denn die Missetat ihrer Bewohner drückt sie nieder **(Jes 24.20). Hag 2.6 Denn so spricht der Herr der Heere: Nur noch kurze Zeit, dann lasse ich den Himmel und die Erde, das Meer und das Festland erbeben. Dan 12. 1-3** sah voraus, dass sich inmitten beispielloser Not und Dunkelheit „wie sie noch nie gewesen ist", solche geben wird, als Verständige „leuchten wie der Glanz der Himmelsfeste".

Die Propheten sagen, dass der Messias dann wieder seinen Fuß auf den Ölberg setzen wird, von dem er vor 2000 Jahren in den Himmel aufgefahren ist; dann, wenn das riesige Heer aus dem Norden und Osten Israel überrennt und die Menschheit am Rande des Untergangs steht. Jesus vernichtet diese Heere und gründet in Jerusalem das 1000-jährige Friedensreich. Mit dem Kommen Jesu werden diejenigen wieder lebendig, die kein Kennzeichen des Antichristen auf der Stirn oder der Hand haben. Das ist die erste Auferstehung **(Offb 20.4 u. 5)**. Dann wird das große Völkergericht abgehalten.
In **Daniel 12.9** sagt Gott allerdings: „Diese Worte bleiben verschlossen und versiegelt bis zur Zeit des Endes."

Das Neue Testament spricht von vier Gerichten:

Das erste Gericht fand auf **Golgatha** statt. Dort wurde die Sünde der ganzen Welt von Jesus am Kreuz gesühnt und Satan gerichtet. Daher werden diejenigen, die an das Erlösungswerk Jesu glauben, nicht mehr gerichtet werden, weil Jesus bereits die Strafe getragen hat.

Das zweite Gericht betrifft die entrückte Gemeinde und wird als **Preisgericht** von Christus nach **2.Kor 5.10** bezeichnet. Es ist eigentlich kein Gericht, sondern eine Belohnung, bei der aber einige leer ausgehen werden.

Das dritte Gericht, das **Völkergericht** mit der ersten Auferstehung der Menschen in Christus, wird am Ende der Trübsalzeit stattfinden, bei der Rückkehr Jesu Christi mit seinen Heiligen, vor der Errichtung des 1000-jährigen Reiches.

In der Trübsalzeit werden 144 000 bekehrte Juden das Evangelium in der ganzen Welt verkünden. Der Hass des Antichristen wird sich besonders gegen diese 144 000 richten. Auf der Flucht werden sie bei fernen Völkern, die innerlich nicht mit dem Antichristen kooperieren, Schutz und Zuflucht finden. **Mt 25.32-40** ist daher keine Aufforderung zur Werksgerechtigkeit, sondern im Völkergericht bekommen diejenigen ihren Lohn für die Hilfe, die sie den verfolgten 144 000 zukommen ließen. Diese Menschen haben offensichtlich ihre Hilfe als etwas Selbstverständliches betrachtet und ihrer Handlung keinen besonderen Wert beigemessen. Darum fragen sie mit Erstaunen beim Völkergericht, Herr, wann haben wir dich hungrig gesehen und dich gespeist? Sie dürfen dafür in das 1000-jährige Friedensreich eintreten und können sich dort aus freiem Willen für den Herrn entscheiden.

In **Offb 20.7-10** ist zu lesen, wenn 1000 Jahre vollendet sind, wird Satan aus seinem Gefängnis losgelassen, um die Entscheidung der Menschen für Jesus Christus zu prüfen.

Erst dann kommt das **Endgericht** mit der zweiten Auferstehung der Menschen, die Christus nicht angenommen haben. Der Tod und die Unterwelt und die nicht im Buch des Lebens verzeichnet sind, werden in den Feuersee geworfen.

Das endgültige Ziel Gottes, **Offb 21.3-7 Seht die Wohnung Gottes unter den Menschen! Er wird in ihrer Mitte wohnen, denn sie werden sein Volk sein; und er, Gott, wird bei ihnen sein. Er wird alle Tränen von ihren Augen abwischen: Der Tod wird nicht mehr sein, keine Trauer, keine Klage, keine Mühsal. Denn was früher war, ist vergangen,** ist erreicht.

Die Bibel sagt uns, Jesus kommt zweimal auf die Erde. Vor 2000 Jahren kam er in Demut, um die Sünden der Welt zu sühnen und den Menschen, die an ihn glauben, das göttliche Leben zu geben. Einmal wird er nur in den Lüften kommen, um seine Gemeinde, seinen Leib, zu sich zu holen. Ein zweites Mal wird er noch kommen, um sein Reich auf Erden sichtbar aufzurichten. Wir stehen nicht vor dem Ende, sondern vor einem wunderbaren Neuanfang, der **Wiederkunft des Sohnes Gottes, Jesus Christus.** Wenn Sekten oder Roland Emmerich in seinem Film von einem Weltuntergang sprechen, ist es einfach nur Lüge.

Das verlorene Paradies in Eden war als Wohnstätte für die Kinder Gottes gedacht. Durch die Einflüsterungen Satans kam und kommt es noch immer zu einer moralischen Abwärtsspirale der Menschheit, zu einer Welt voller Gewalt, Leid und Elend. Innerhalb von 6000 Jahren entwickelte sich der ursprüngliche Garten Eden zu einem Gebiet voller ethnischer Konflikte, religiöser Verirrungen, Gewalt, Unzufriedenheit und verzerrter Vorstellungen von Gott.

Satan kennt auch die Prophezeiungen vom 1000-jährigen Friedensreich, dass der Garten Eden wiederhergestellt wird. Diese göttliche Vision möchte er mit allen Mitteln verhindern. Aber seine Versuche sind gescheitert und werden scheitern.
Der Kommunismus mit dem Arbeiterparadies hat 70 Jahre gedauert und vielen Millionen Menschen das Leben gekostet. Trotzdem gibt es noch immer Menschen, die dieser Idee anhängen und die sogar von der Gesellschaft geehrt werden.
Hitlers 1000-jähriges Reich war der nächste brutale Versuch Satans, das göttliche Friedensreich nach seinem Willen zu gestalten. Trotz massiver geistiger Unterstützung von Dämonen aus dem Reich Satans dauerte es nur sieben Jahre und hat Israel wieder in den Mittelpunkt des Weltgeschehens gebracht. Viele Zeitzeugen von damals berichten, dass von Hitler eine dämonische Kraft ausging, der sich fast keiner entziehen konnte. Auch dieser satanischen Ideologie trauern noch immer einige nach.

Satan arbeitet jetzt subtiler. Aber auch das humanistische Friedens-projekt der EU ohne Gott wird so enden wie die vorherigen Versuche Satans.

Der Nahe Osten ist wieder in den Mittelpunkt endzeitlicher (das Kir-chenzeitalter geht zu Ende) Prophezeiungen gerückt.
Das Wissen um die Zukunft, die Gott herbeiführen wird, reicht alleine nicht aus. Es muss auch mit einem verantwortlichen Handeln verbun-den sein, um davon profitieren zu können.

Die Messianische Zeit, das 1000-jährige Friedensreich

Die Juden als Gottes Volk lebten vor 3000 Jahren als freie Grundherren ohne König. Sie wurden von Gott, ihrem Herrn, inspiriert und geleitet. Sie wünschten sich aber trotz der eindringlichen Warnungen Gottes einen König, weil sie ihren Nachbarvölkern gleich werden wollten. In **1.Sam 8.1-22** prophezeite ihnen Gott, wie schlecht ihre Könige das Volk behandeln werden. Diese Stelle liest sich wie ein aktueller Nachrich-tenblock aus der Welt der Politik, wie heute die Herrschenden, Könige, Diktatoren oder Politiker ihre Untertanen ausbeuten.

Wir sind auf dem Weg vom Paradies in die gefallene Schöpfung und wieder zum Paradies.

In der nicht mehr allzu fernen Messianischen Zeit des 1000-jährigen Friedensreiches werden keine Kirchen oder Parteien mit ihren Priestern und Politikern die Menschen manipulieren. Jeder wird, geleitet durch den Heiligen Geist, seinen vorbereiteten Platz im Puzzle des Univer-sums einnehmen. Das Universum mit seinen Billionen Teilchen und Milliarden Menschen wird wieder ein wunderbares Bild ergeben.

Jesaja hat 700 v. Chr. in **Jes 11** und **65.17-25** beschrieben, wie es sein wird, wenn wieder Christus unser Herr ist.

Jes 65.25 Wolf und Lamm weiden zusammen, der Löwe frisst Stroh wie das Rind. ... Man tut nichts Böses mehr ... Offensichtlich wird auch wieder die ursprüngliche vegetarische Lebensweise herrschen, wie sie am Beginn der Schöpfung in **Gen 1.29** vorgesehen war.

Offb 21.3 ... Seht, die Wohnung Gottes unter den Menschen! Er wird in ihrer Mitte wohnen, und sie werden sein Volk sein; und er, Gott, wird bei ihnen sein.

Das aufgeklärte 20. Jahrhundert mit seinen großen menschlichen Ideologien und schrecklichen Zusammenbrüchen hat uns gezeigt, dass eine Gesellschaft ohne Gott nicht zukunftsfähig ist.

Das 21. Jahrhundert wird offenbaren, dass alle Religionen von Menschen geschaffen sind, die Gott nicht kennen.

Religionen werden von Satan gefördert, um Menschen das göttliche Leben in der Fülle vorzuenthalten.

Wir sind in einem Krieg gegen einen Feind, den man nicht sehen kann. Unsere Welt nähert sich jetzt rasch dem Ende des menschlichen Zeitalters, in dem Satan, der Teufel, die Menschen beeinflusst. Jesus hat sich als erster Sohn erhoben und diesen Feind besiegt. Er hat diese Macht seinen Brüdern, die ihn jetzt auf Erden vertreten, weitergegeben (**2.Kor 2.14**).

Christen ehren Gott nicht, wenn sie sagen, dass er mächtig und stark ist, sondern, wenn sie der Welt zeigen, dass sie durch ihn mächtig und stark sind. Christen werden sich dieser Wahrheit immer mehr bewusst werden.

Eine neue Weltordnung unter der Herrschaft Jesu Christi steht bevor.

Ein weiteres Buch vom Autor:

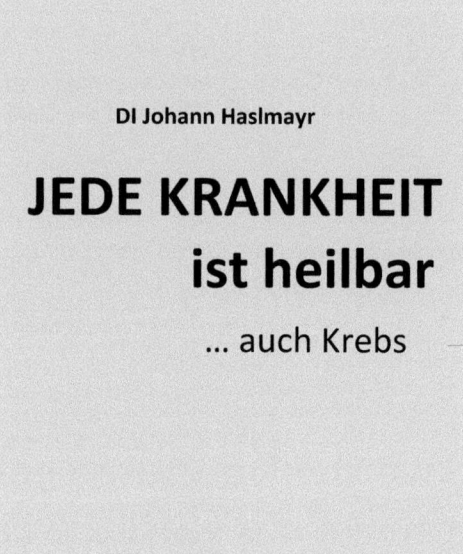

Keiner ist einem blinden Schicksal ausgeliefert. Wer die Zusammenhänge Körper, Seele und Geist versteht, für den gibt es kein Unheilbar.

Wer bereit ist, sein Schicksal selber in die Hand zu nehmen und etwas zu unternehmen, statt nur einzunehmen, braucht keine Krankheit zu fürchten, auch nicht Krebs.
Das Zusammenwirken von Körper, Seele und Geist wird ausführlich beschrieben. Eine Therapie nur auf körperlicher Ebene ist zu wenig. Wer auf allen drei Ebenen positive Veränderungen fördert und zulässt, wird Heilung erfahren.

Wer Heilung ohne die negativen Folgen und Nebenwirkungen der Schulmedizin sucht, sollte dieses Buch studieren und sein Schicksal selber in die Hand nehmen.
Der Weg zur Gesundheit und zum Leben in der Fülle wird klar und verständlich erklärt. Er ist einfach zu bestreiten, man muss ihn nur gehen. Die Belohnung wird eine neue Lebensqualität sein.

Anregungen und Fragen an den Autor unter j.hans@gmx.at